Negocios sin fronteras
Intermediate Spanish for Business

Karoline Manny
Seminole Community College

Julie Abella

María Fraser-Molina
Durham Technical Community College

Prentice Hall

Upper Saddle River, New Jersey 07458

Library of Congress Cataloging-in-Publication Data

Manny, Karoline.
    Negocios sin fronteras : intermediate Spanish for business / Karoline Manny, Julie
Abella, María Fraser-Molina.
      p. cm.
    Includes index.
    ISBN 0-13-020685-7
    1. Spanish language — Business Spanish. 2. Spanish language — Textbooks for foreign
speakers — English. I. Abella Julie. II. Fraser-Molina, María J. III. Title
PC4120.C6 M26 2002
468.2'421'02465—dc21   2002029324

Publisher: *Phil Miller*
Senior Acquisitions Editor: *Bob Hemmer*
Assistant Director of Production: *Mary Rottino*
Editorial/Production Supervisor: *Lee Shenkman/Victory Productions, Inc.*
Editorial Assistant: *Meghan Barnes*
Prepress and Manufacturing Manager: *Nick Sklitsis*
Prepress and Manufacturing Buyer: *Brian Mackey*
Cover design: *Bruce Kenselaar*

Photo credits: Chapter 1 Getty Images, Inc./PhotoDisc, Inc./Emma Lee; Chapter 2 Getty Images, Inc./Shaun Egan; Chapter 2
Odyssey Productions, Inc./Robert Frerck; Chapter 3 Courtesy, Argentina Tourist Information; Chapter 4 AP/Wide World
Photos; Chapter 5 D. Donne Bryant Stock Photography/©Michael Moody; Chapter 6 Getty Images, Inc./Wolfgang Kaehler;
Chapter 7 United Nations/DPI Photo/Soltmar; Chapter 8 Index Stock Imagery, Inc./Susan Van Etten; Chapter 9 Ewing
Galloway, Inc.; Chapter 10 Cunard Line Limited; Chapter 11 Guatemala Tourist Commission; Chapter 12 Getty Images,
Inc./PhotoDisc, Inc./Tria Giovan

Prentice
Hall
© 2003 by Pearson Education
Upper Saddle River, New Jersey 07458

Printed in the United States of America

ISBN 0-13-020685-7

Pearson Education, Ltd, *London*
Pearson Education Australia, Pty. Ltd., *Sydney*
Pearson Education Singapore, Pte. Ltd.
Pearson Education North Asia, Ltd. *Hong Kong*
Pearson Education Canada, Ltd., *Toronto*
Pearson Education de Mexico, S.A. de C.V.
Pearson Education—Japan, *Tokyo*
Pearson Education Malaysia, Pte. Ltd.
Pearson Education, *Upper Saddle River,* New Jersey

Contenido breve

Contenido

Capítulo 4

Capítulo 5

Capítulo 6

Capítulo 7

Capítulo 8

Capítulo 9

Capítulo 10

Capítulo 11

Capítulo 12

Preface

Negocios sin fronteras is an intermediate text that teaches the vocabulary and grammar necessary to conduct basic business activities in Spanish-speaking countries. *Negocios sin fronteras* employs a proficiency-based approach to second language acquisition and encourages the development of all four language skills—listening, speaking, reading, and writing—through a variety of exercises. The ability to communicate and perform business-related tasks are the focus of each lesson.

Research in second language acquisition suggests that several key factors are related to success in learning to communicate in a foreign language. Among these factors are the following:

- An ample vocabulary is more central to the successful development of communicative skills than any other single factor.

- Retention of vocabulary is greater when the student 1) has a deep understanding of the word; 2) has a personal understanding of the word; and 3) has actively used the word.

- Language acquisition proceeds from receiving meaningful input to producing meaningful output.

- Student work should employ sentence level input/output before discourse level input/output.

Negocios sin fronteras has been designed with these factors in mind. Each chapter contains related vocabulary that is introduced in a contextualized, meaningful fashion. Students read dialogues or monologues and hear listening activities (input). The lesson then progresses to a series of activities that use this vocabulary in an increasingly more complex manner (output).

Features

Negocios sin fronteras contains 12 chapters. Each chapter contains three **pasos** and each **paso** consists of six sections: **Empecemos, Charlemos un poco, Entrevista, Situaciones, Repaso de gramática,** and **Escribamos.** The purpose of these sections can be briefly summarized as follows:

Empecemos–a dialogue or narrative text used to introduce the chapter vocabulary in a contextualized manner.

Charlemos un poco–three separate activities involving the vocabulary that provide more basic input (listening activities) or require sentence-level output.

Entrevista–a structured, group activity in which students use the chapter vocabulary to obtain information from other students and present it to the class.

Situaciones–an unstructured, group activity in which two or more students work together in an imaginary situation to solve a problem using chapter vocabulary.

Repaso de gramática–a basic grammar explanation in English followed by two or three activities, which require students to use the new grammar and the chapter vocabulary to communicate meaningfully.

Escribamos–a composition assignment using the chapter vocabulary and grammar.

In addition, each chapter contains three supplementary sections: **Anticipemos, Una vez más,** and **Panorama cultural.**

Anticipemos is a preliminary activity located before the first **paso** of each chapter. It consists of several questions the professor might use to get students thinking about the chapter topic. They can be answered without any special previous knowledge and should serve as a "springboard" into the chapter.

After the third **paso,** each chapter contains a reading section and a section on culture. **Una vez más** is a reading based on an authentic Spanish source, such as a newspaper or magazine, on topics of interest to businesspeople. It is followed by comprehension questions, discussion topics, and a writing activity involving business correspondence.

Panorama cultural presents a cultural reading and Internet-based activities. Students may work in groups or individually to use the Internet and the guidelines in the text to explore culture topics. They may present the information they find in oral or written form.

Chapter Organization

Here's a closer look at what each chapter offers and why these specific types of activities are included:

Empecemos This section serves two main purposes. First, it introduces the vocabulary in a contextualized manner, allowing students to see how the vocabulary might be used in discourse. Second, this section may also provide information on business topics that students may not have otherwise known.

Charlemos un poco This series of activities serves to introduce students to the vocabulary. Specifically, it requires students to begin to actively use the vocabulary orally. Each **paso** begins with at least one activity in which the professor reads sentences or paragraphs while students listen. Students then supply a simple response to these questions using the new vocabulary. The subsequent activities require increasingly more complex oral interaction from students. The general purpose of these relatively simple activities is to promote a deeper understanding of the vocabulary and to give students an opportunity to use it actively.

Some examples of recurring exercise types in this section are:

- Answer the question–The professor asks for meaningful information, which students supply. This activity encourages the development of business-related conversational skills at the sentence level.

- Define/Describe the term–Students must supply a definition of a vocabulary word. This activity builds students' ability to circumlocute, an important intermediate skill.

- Give and define an associated word–The professor supplies a word and students supply the related noun, verb, or adjective and define it. This builds students' vocabulary by enabling them to make new words from familiar words.

- Professor reads statement/students supply the associated question–This develops students' ability to form questions, another important intermediate skill.

- Pictures–Students describe the picture. This helps students associate the vocabulary word with a visual image, rather than just its English equivalent.

- Solicitamos su opinión–Students discuss in pairs their opinions on given questions. This activity also helps build conversational skills on business-related topics at the sentence and discourse levels.

Entrevista This section requires one student to use the vocabulary to obtain meaningful information from another student on a given topic. Occasionally, students must role-play to complete this activity, which is like a directed dialogue. Students receive a topic and suggested aspects of it to discuss. They work together to create their dialogue, including a specified number a questions. Again, this is an opportunity for students to build their ability to ask questions. They then take turns asking their questions and gathering the required information. This builds conversational skills. When both students have had the opportunity to ask questions, they are required to summarize what they have learned in a paragraph and present it to the class. This requires students to speak using the third person rather than the first person—another intermediate skill.

Situaciones This section is the most complex of the vocabulary sections. It places a group of students in a situation and requires them to perform a task or solve a problem through extemporaneous dialogue. There are several ways to approach this section. Depending on what approach the professor chooses, this activity can require a more spontaneous use of the new vocabulary and greater command of the language.

Repaso de gramática This section presents a grammar review written in English followed by exercises. Two to three activities accompany each grammar explanation. The first activity usually requires very basic output from students, such as filling in a blank with the conjugated form of the verb. The subsequent activities require more creative and complex responses from students.

Escribamos This section provides a composition topic. It may be done quickly at the end of class or more thoroughly as a homework assignment.

Una vez más This end-of-chapter reading section exposes students to articles of interest to businesspeople. The reading is preceded by activities to build reading strategies and followed by comprehension questions and discussion topics.

La carta de negocios Each chapter contains a sample business letter on a topic related to the chapter. The professor might use these letters as additional reading activities or as models for the students to use when writing their own, similar letters.

Panorama cultural These Internet-based activities allow students to explore aspects of Hispanic business culture.

Negocios sin fronteras is also accompanied by a workbook. This workbook is designed to provide students with additional practice using the text's vocabulary and grammar structures.

Karoline Manny
Julie Abella
María Fraser-Molina

Acknowledgments

The authors would like to thank the following reviewers:

Danny Anderson, University of Kansas

Edy Carro, University of Cincinnati

Wayne H. Finke, Baruch College–CUNY

Ellen Haynes, University of Colorado

Patricia Houston, Pima Community College

Presentaciones

Anticipemos

¿Ya sabe Ud. algo de las diferencias entre cómo nos presentamos en los Estados Unidos y el Canadá y cómo se presentan en los países hispanohablantes?

Por ejemplo, ¿es común en los Estados Unidos y el Canadá darse la mano, abrazarse o besarse?

¿Es común usar títulos como señor o doctor en los Estados Unidos y el Canadá?

¿Cuáles son algunas diferencias entre cartas entre amigos y cartas de negocios?

Antes de empezar el capítulo, repase el vocabulario al final del capítulo.

Paso 1

Empecemos

El primer encuentro

La secretaria de Alicia Hernández hace pasar a la Sra. Velázquez, de la empresa Unidad. Alicia Hernández y la Sra. Velázquez se presentan.

Alicia Hernández: Buenos días, Sra. Velázquez. Mucho gusto en conocerla.

Sra. Velázquez: Igualmente.

Alicia Hernández: Quisiera presentarle a mis colegas Humberto Jaramillo y Sara López.

Sra. Velázquez: Encantada. Me gustó mucho la campaña publicitaria que Uds. diseñaron el año pasado, Sra. López.

Sr. Jaramillo: Gracias. Fue un verdadero desafío.

Sra. López:	Ah, pues, muchísimas gracias. El placer es nuestro. Hace años que admiramos todo lo que Ud. ha logrado hacer con la empresa Unidad. La compañía dio un vuelco desde que Ud. es la directora.
Sra. Velázquez:	Gracias, muy amable.
Sra. López:	Si me permite una pregunta personal, ¿de dónde es Ud.? Oí que asistió a la Universidad Complutense, pero sé que hace años que Ud. trabaja en Sevilla. Me interesa porque también asistí a la Complutense en la facultad de Negocios.
Sra. Velázquez:	¡Qué sorpresa! Pues, soy de Cádiz pero, sí, fui a Madrid para estudiar. Y tiene razón. Éste es mi séptimo año con Unidad. Me fascina el trabajo que hago y el ambiente en la compañía es excelente. Por eso ha sido fácil seguir allí por tantos años.

La secretaria las interrumpe para hacer pasar al Sr. Peralta. Él entra hablando.

Sr. Peralta:	Mil disculpas por haber llegado tarde. Hubo un accidente en la Gran Vía y pueden imaginar el atasco de tráfico que causó. ¿Cómo está hoy, Alicia?
Alicia Hernández:	Muy bien, gracias. Permítame presentarle a la Sra. Velázquez que ha venido de Sevilla para hablar con nosotros sobre nuestros productos tecnológicos.
Sr. Peralta:	Por favor, discúlpeme. No he querido interrumpir la reunión.
Sra. Velázquez:	No hay de qué. Solamente hablábamos de la universidad y del trabajo. Pero si estamos todos, tal vez podemos empezar.
Alicia Hernández:	Sí, claro. Liliana, nos puede traer café, por favor. Y como esta reunión durará unas horas, preferiríamos no tener más interrupciones.

Preguntas

1. ¿Cuáles son las diferencias y similaridades entre esta conversación entre hispanohablantes y conversaciones típicas entre norteamericanos?

2. Dé unos ejemplos de las acciones que normalmente acompañan presentaciones en los Estados Unidos y el Canadá y en países hispanohablantes.
3. ¿Quiénes son los participantes principales en esta conversación y cómo son?
4. ¿Dónde ocurre la conversación?
5. ¿Cómo sabemos que la Sra. Velázquez es mujer de negocios?
6. ¿De dónde es la Sra. Velázquez?
7. ¿Qué tienen en común la Sra. Velázquez y la Sra. López?
8. ¿Dónde trabaja la Sra. Velázquez? ¿Le gusta su trabajo? ¿Por qué?
9. ¿Por qué llega tarde el Sr. Peralta?

Charlemos un poco

A. A conocernos. Su profesor/a va a leer cinco preguntas relacionadas con las presentaciones. Conteste con frases completas.

1. _____
2. _____
3. _____
4. _____
5. _____

B. Preguntas y respuestas. Su profesor/a va a leer varios saludos y expresiones de cortesía. En cada caso, dé una respuesta apropiada u otra expresión de cortesía asociada.

Ejemplo: ¡Hola!

Ud. responde: ¡Buenos días!

1. _____
2. _____
3. _____
4. _____
5. _____

C. Dibujos. Describa la situación en los dibujos siguientes y dé la expresión de cortesía que usaría en cada caso.

Entrevista

Ud. acaba de conocer a sus colegas y quiere saber más de ellos. Prepare una entrevista para obtener esta información.

Primera etapa: Escriba por lo menos cinco preguntas para obtener información sobre el empleo de sus nuevos colegas, sus gustos e intereses, su familia, su personalidad, etc.

Segunda etapa: Use las preguntas para entrevistar a un/a compañero/a de clase. Anote sus respuestas.

Tercera etapa: Escriba un párrafo que resume toda la información que Ud. obtuvo durante la entrevista. Puede seguir este modelo.

El señor/La señora se llama _____ . Él/Ella es de

_____ , pero ahora vive en _____ . Es _____ y

_____ . Trabaja en _____ . A él/ella le gustan

_____ , _____ y _____ .

Cuarta etapa: Preséntele esta información a la clase.

Situaciones

En grupos de dos o tres compañeros de clase, representen una de las situaciones siguientes. Usen el vocabulario de este capítulo.

1. Ud. saluda a su jefe por la mañana. También quiere saber cómo le va hoy.
2. Ud. presenta a su colega Juan al director de su departamento, el Sr. González.
3. Por la tarde, Ud. se despide de sus compañeros de trabajo.

Repaso de gramática

Present Tense

A. Conjugation of regular verbs ending in **-ar, -er,** and **-ir**

-ar verbs: **hablar**	
yo habl**o**	nosotros/as habl**amos**
tú habl**as**	vosotros/as habl**áis**
él/ella/Ud. habl**a**	ellos/ellas/Uds. habl**an**

-er verbs: **comer**	
yo com**o**	nosotros/as com**emos**
tú com**es**	vosotros/as com**éis**
él/ella/Ud. com**e**	ellos/ellas/Uds. com**en**

-ir verbs: vivir	
yo viv**o**	nosotros/as viv**imos**
tú viv**es**	vosotros/as viv**ís**
él/ella/Ud. viv**e**	ellos/ellas/Uds. viv**en**

Some commonly used regular verbs include the following.

-ar verbs

hablar	to speak	**necesitar**	to need
tomar	to take; to drink	**preparar**	to prepare
trabajar	to work	**practicar**	to practice
mirar	to watch	**caminar**	to walk
escuchar	to listen to	**llegar**	to arrive
llamar	to call	**comprar**	to buy
estudiar	to study	**usar**	to use
enseñar	to teach	**buscar**	to look for
entrenar	to train	**manejar**	to drive;
enviar	to send		to manage

-er verbs / -ir verbs

comer	to eat	**vivir**	to live
beber	to drink	**escribir**	to write
leer	to read	**asistir a**	to attend;
correr	to run		to help
aprender	to learn	**recibir**	to receive
comprender	to understand		

B. Irregular conjugations of the verbs *to be*: **ser** and **estar**

ser		estar	
yo **soy**	nosotros/as **somos**	yo **estoy**	nosotros/as **estamos**
tú **eres**	vosotros/as **sois**	tú **estás**	vosotros/as **estáis**
él/ella/Ud. **es**	ellos/ellas/Uds. **son**	él/ella/Ud. **está**	ellos/ellas/Uds. **están**

Some of the uses of **ser** and **estar**:

Ser	**Estar**
1. Description of physical and personality traits.	1. Description of mood, state of health, and well-being.

Ser

1. Description of physical and personality traits.

   • Alicia **es** muy responsable.
   • Los empleados **son** puntuales.

2. Location of an event.

   • La reunión **es** en el Hotel Imperial.
   • La conferencia **es** en el auditorio.

3. Personal information such as nationality, ethnic origin, profession, marital status, and political and religious affiliation.

   • La Sra. Vargas **es** una abogada criminal.
   • Ramón **es** católico.
   • Nosotros **somos** solteros.
   • El jefe de Vicente **es** español.

4. To tell the time, day, or date in general or of a specific event.

   • **Son** las cuatro.
   • Hoy **es** lunes.
   • La reunión **es** mañana a las tres de la tarde.

Estar

1. Description of mood, state of health, and well-being.

   • —¿Cómo **estás**?
   —**Estoy** bien, gracias, pero mi jefe **está** un poco nervioso porque tiene una reunión importante hoy.

2. Location of a person, place, or thing.

   • La oficina de Jorge **está** en el tercer piso.
   • Nosotros **estamos** en Toledo esta semana.

3. To form the present progressive tense.

   • El doctor **está** presentando los resultados.

Ejercicios

A. ¿Qué actividades hace en… ? Responda con por lo menos tres actividades que Ud. hace en los siguientes lugares.

Ejemplo: la casa

Ud. responde: Miro la televisión, hago los quehaceres y duermo en mi casa.

1. el trabajo
2. la agencia de empleos
3. la oficina de correos
4. la clase de contabilidad
5. un restaurante
6. una tienda
7. una conferencia
8. su coche

B. Les presento a Carolina Fernández. Complete el párrafo con la forma apropiada del verbo **ser** o **estar**.

Buenos días. Yo (1.)_____ Carolina Fernández y

(2.)_____ de Málaga. Mi familia (3.)_____ de Sevilla.

Nosotros (4.)_____ españoles. Yo (5.)_____ médica y mis

padres (6.)_____ ingenieros. Mi familia (7.)_____ muy

grande: hay cuatro hermanos y tres hermanas. Mis hermanas

(8.)_____ muy simpáticas y tranquilas, pero hoy la familia va a

tener una celebración y hay mucho que hacer. Por eso, hoy ellas

(9.)_____ un poco nerviosas. Y peor aún, mi hermana mayor

(10.)_____ enferma. ¡Ay!, ¿qué vamos a hacer?

C. Descripciones. Use el verbo **ser** para describir cómo **eres** normalmente y use el verbo **estar** para describir cómo **estás** ahora misma.

Normalmente (yo) _____ una persona muy __(adjetivos)__

_____ . Pero hoy (yo) _____ un poco _____

(adjetivos) .

Escribamos

Su compañía publica un pequeño periódico. Es necesario que Ud. prepare una breve introducción presentando al nuevo vicepresidente. Describa a esta persona con todo detalle posible incluyendo su edad, lugar de nacimiento, personalidad, formación profesional, papel en la empresa, objetivos personales y profesionales, etc.

Paso 2

Empecemos

Unos problemas de oficina

Alicia llega tarde a la oficina y su secretaria la saluda.

Liliana: Buenos días, Sra. Hernández. ¿Cómo está Ud.?

Alicia: ¡Ay, Liliana, qué día! No estoy muy bien. Se me olvidó el disquete para la presentación que tengo hoy. Tengo una reunión con unos clientes antes de la presentación así que no tendré tiempo para regresar a mi piso para buscar el disquete o hacerlo de nuevo. ¿Qué voy a hacer? ¿Me podría ayudar?

Liliana: Tranquila, señora. Claro que puedo ayudarla. Siento que haya tantos problemas con la presentación, pero es algo que podemos resolver fácilmente. Mientras Ud. se reúne con los clientes, yo puedo rehacer la presentación. Todavía tengo todos los gráficos en mi ordenador.

Alicia: Mil gracias, Liliana. Tengo que repasar unas cartas antes de la reunión.

Alicia empieza a salir para su oficina privada.

Liliana: Perdone, Sra. Hernández.

Alicia: Sí, Liliana.

Liliana: Tengo todos los gráficos, pero necesitaré unas cositas más de su oficina. ¿Puedo buscarlas?

Alicia: Por supuesto, Liliana. Y otra vez, mil gracias por toda su ayuda.

Liliana: De nada, Sra. Hernández. Para servirla.

Alicia: Ah, Liliana. Por la tarde vamos a hablar de la teleconferencia con los clientes japoneses.

Liliana: Sí, cómo no.

Preguntas

1. Esta conversación se trata de problemas que uno encuentra en el trabajo. Describa otros problemas que pueden surgir.
2. ¿Cuáles son unas de las diferencias y similaridades entre cómo resolvemos problemas entre amigos y cómo los hombres de negocios resuelven problemas?
3. ¿Qué problema tiene Alicia al llegar a la oficina?
4. ¿Qué ofrece hacer su secretaria?
5. Para ayudar a Alicia, ¿qué necesita la secretaria?
6. Además de la presentación, ¿qué tiene que hacer Alicia hoy?
7. En su experiencia, ¿es una situación típica en el día de las secretarias de empresas grandes? ¿Cuáles son unas de las responsabilidades de las secretarias?
8. En su opinión, ¿es eficiente la secretaria de Alicia? ¿Cómo lo sabe?

Charlemos un poco

A. Más expresiones de cortesía. Su profesor/a va a leer descripciones de algunos problemas. ¿Cómo respondería Ud. en estas situaciones?

Ejemplo: Ud. se da cuenta de que ha hecho algo ofensivo.

Ud. responde: Discúlpeme.

1. _____

2. _____

3. _____

4. _____

B. Dibujos. Describa la situación en los dibujos siguientes y dé la expresión de cortesía que usaría en cada caso.

C. Las profesiones. Use el vocabulario que ya sabe para dar una descripción de las profesiones a continuación.

1. el/la secretario/a
2. el/la jefe/a
3. el/la técnico/a de computación
4. el/la recepcionista
5. el/la director/a de personal

Entrevista

👤👤 Ud. tiene un/a empleado/a que siempre regresa de almuerzo muy tarde. Hágale preguntas para averiguar por qué. Él/Ella debe ofrecer sus razones y disculpas.

Primera etapa: Escriba por lo menos cinco preguntas que puede usar para obtener la información que quiere. Puede incluir preguntas sobre a dónde va, si tiene otras responsabilidades personales que trata de resolver durante el almuerzo, si se siente mal, etc.

Segunda etapa: Use las preguntas para entrevistar a un/a compañero/a de clase. Anote sus respuestas.

Tercera etapa: Escriba un párrafo que resume toda la información que Ud. obtuvo durante la entrevista. Puede seguir este modelo.

El señor/La señora regresa tarde porque _____ . Además de

almorzar, durante el almuerzo tiene que_____ , _____ y

_____ . También _____ . Él/Ella va a _____ para

resolver el problema.

Cuarta etapa: Preséntele esta información a la clase.

Situaciones

👤👤👤 En grupos de dos o tres compañeros de clase, representen una de las situaciones siguientes. Usen el vocabulario de este capítulo.

1. Ud. ha ofendido a un/a amigo/a. Trate de resolver el problema.
2. Ud. llega tarde a una entrevista importante. Ud. se disculpa, y su entrevistador lo/la saluda y le hace algunas preguntas generales.
3. Su secretaria completó un trabajo muy difícil. Ud. le da las gracias y le hace preguntas sobre su trabajo.

Repaso de gramática

Stem-Changing Verbs

Stem-changing verbs are those verbs that have a regular -ar, -er, or –ir conjugation, but whose stem or root changes. Note, however, that this change never occurs in the **nosotros** or **vosotros** forms.

A. e to **ie**

Change the **e** in the stem to an **ie** when conjugating.

querer	
yo quiero	nosotros/as queremos
tú quieres	vosotros/as queréis
él/ella/Ud. quiere	ellos/ellas/Uds. quieren

Other verbs that change from **e** to **ie**:

preferir	to prefer	empezar	to begin
pensar	to think	sentir	to feel
entender	to understand	mentir	to lie
cerrar	to close	negar	to deny
comenzar	to begin	perder	to lose
despertarse	to wake up	querer	to want
divertirse	to have fun	sentarse	to sit

B. o to **ue**

Change the **o** in the stem to a **ue** when conjugating.

poder	
yo puedo	nosotros/as podemos
tú puedes	vosotros/as podéis
él/ella/Ud. puede	ellos/ellas/Uds. pueden

Other verbs that change from **o** to **ue**:

dormir	to sleep	recordar	to remember
probar	to try (on); to test; to prove	contar	to count
		costar	to cost
acostarse	to go to bed	llover	to rain
encontrar	to find	mover	to move
morir	to die	volver	to return

Note that **jugar** (to play a game or sport) changes **u** to **ue**.

C. e to i

Change the **e** in the stem to an **i** when conjugating.

pedir	
yo pido	nosotros/as pedimos
tú pides	vosotros/as pedís
él/ella/Ud. pide	ellos/ellas/Uds. piden

Other verbs that change from **e** to **i**:

de**c**ir	to say, tell
se**rv**ir	to serve
re**í**rse	to laugh
sonre**í**r	to smile
se**g**uir	to follow; to continue

Note that **reír** has an accented **í**: **río, ríes, ríe, reímos, reír, ríen.**
Sonreír follows the same pattern.

Ejercicios

A. **Preguntas personales.** Hágale preguntas a su compañero/a
con los siguientes verbos. Él/Ella le contesta a Ud. en oraciones
completas.

> *Ejemplo:* —¿Entiende Ud. las instrucciones?
>
> —Sí, entiendo las instrucciones.

Frases de ejemplo

pensar (ie)	cambiar de trabajo
entender (ie)	ser jefe/a o supervisor/a
poder (ue)	usar los programas de ordenador más nuevos
preferir (ie)	vivir en la ciudad, el suburbio o el campo
querer (ie)	ganar más/menos dinero y tener más/menos vacaciones
pedir (i)	aprender varios idiomas

B. Aspiraciones profesionales. Complete el párrafo con el verbo correcto en el presente.

poder   querer   pensar   entender   preferir

Mi jefe (1.)_____ que yo vaya a una conferencia internacional para programadores. Sin embargo, yo (2.)_____ asistir a la reunión directiva de mi compañía. Es una reunión sumamente importante, ya que nosotros (3.)_____ hacer cambios para mejorar la producción laboral del departamento de computación. Yo (4.) _____ el problema y (5.)_____ hacer unas sugerencias para resolverlo. ¡Yo (6.)_____ ser presidente de la compañía algún día!

C. Gramática en contexto. Use los verbos a continuación y su imaginación para escribir un párrafo que describa su trabajo.

Ejemplo: Verbos: reírse, jugar, preferir

Párrafo: Mi colega nunca trabaja. Ella **prefiere** entretenerse todo el día. Por eso, **juega** con su ordenador en vez de usarlo para trabajar. Ella **se ríe** todo el tiempo.

1. pedir, encontrar, querer, seguir, probar
2. comenzar, negar, mentir, pensar, volver

Escribamos

Ud. ha ofendido a un cliente muy importante. Escríbale una carta para pedir disculpas y tratar de resolver la situación. Use el vocabulario al final del capítulo.

Paso 3

Empecemos

La carta de negocios

Una carta bien redactada en el idioma del destinatario es uno de los mejores medios para establecer buenas relaciones profesionales con los clientes extranjeros. Las cartas de negocios se escriben con un estilo formulaico. Primero, es importante recordar que siempre se escribe la carta comercial usando el membrete de la compañía. El membrete debe incluir cierta información: el nombre de la organización, su dirección completa, sus números de teléfono y fax y su dirección electrónica, si la tiene.

La carta de negocios siempre tiene cinco partes: la fecha, la dirección interior, el saludo, el texto de la carta y una cortesía final y la firma. Frecuentemente, la carta también incluye otras anotaciones como las iniciales y los anexos. A continuación hay una descripción de las partes más importantes de una carta de negocios.

La fecha: La primera línea de cada carta es la fecha. Se escribe la fecha en español así:

> 12 de septiembre de 2003

Nunca se debe abreviar el mes usando el número en vez del nombre del mes. Tampoco se escribe el nombre del mes con letra mayúscula.

La dirección interior: Debe ser la misma que en el sobre. Nunca se debe usar abreviaturas. Por ejemplo, es mejor escribir "Avenida" en vez de "Avda."

El saludo: Se colocan dos renglones debajo de la dirección interior. En la correspondencia comercial, el saludo siempre es seguido por dos puntos (por ejemplo, Estimados señores:). Cuando sea posible, es siempre mejor usar el nombre del destinatario en vez de usar el nombre de cargo o un saludo anónimo. Algunos ejemplos de saludos en español son:

Estimado/a señor/a:	Estimados/Distinguidos señores:
Distinguido/a señor/a:	Muy señores míos:

El texto: Se coloca dos renglones debajo del saludo. La carta comercial correcta trata sólo un tema. Algunas expresiones útiles para el texto de la carta son:

Para empezar

Por la presente...recibo/
  avisarnos...
Con referencia a su carta de
  fecha...
Nos referimos a su/nuestra
  carta del...
Hago referencia a mi/su anterior
  de fecha...
Con su atenta de fecha...
Nos es grato...

Para acusar recibo

Acusamos recibo de...
Hemos recibido su pedido de...

Para expresar las gracias

Damos a Ud. las gracias por
  su interés en...
Les expresamos de antemano
  nuestro
  agradecimiento por...
Les damos a Uds. las (más
  cumplidas/expresivas)
  gracias por...

Para pedir algo

Sírvanse comunicarnos/
  acusarnos
Les rogamos + *infinitivo/
subjuntivo*
Les agradeceríamos +
subjuntivo

Para dar malas noticias

Lamentamos tener que...
Lamentamos sinceramente
  avisarle que...
Les suplico disculparnos por...
Sentimos informarles que...

Para adjuntar información

Anexamos para su
  información...
Adjunto/a le enviamos...
Tenemos el gusto de enviarle
  adjunto/a...
Nos permitimos enviarles,
  anexa a la presente,...
Por separado le enviamos...

La cortesía final: Se coloca dos renglones debajo del texto. También es común combinar las frases finales del texto de la carta con la despedida. Ejemplos de cortesías finales comunes son:

Atentamente,	Quedamos en espera de sucontestación/de sus gratas órdenes,
De Ud. atentamente,	En espera de su (favorable/grata) contestación,
Cordialmente,	Le/s saludo muy cordialmente/ atentamente,
Sinceramente,	Sin otro particular,

Después de la cortesía final el remitente debe firmar la carta. Es preciso añadir la transcripción a máquina de la firma debajo porque muchas firmas son por lo menos parcialmente ilegibles. Es también común indicar el título, el cargo o el departamento de la persona que firma.

Otras anotaciones: Si el remitente no escribe la carta personalmente —por ejemplo, si lo hace su secretaria— las iniciales de la persona que dicta la carta, seguidas por las iniciales del mecanógrafo se colocan debajo de la firma en el margen izquierdo. Las iniciales se escriben así:

KM:db
KM/db
KM:b
M:b

Si se envían anexos con la carta, se lo indica debajo de las iniciales con la palabra "Anexo" o la abreviatura "Adj" (adjunto): (por ejemplo: 2 Anexos, Adj: nota de crédito).

Finalmente, cuando se mandan copias de la carta a otras personas, hay que indicarlo debajo de las iniciales y anexos con las abreviaturas c.c. (copia al carbón) o b.c.c. (copia confidencial al carbón).

Además de incluir la información necesaria, el estilo de presentación es importante. Hay varios estilos que se pueden usar para la presentación de la carta. El primero es bloque completo. En este caso, todos los párrafos, el nombre, la dirección, la fecha y la firma se escriben empezando en el margen izquierdo a un solo espacio, saltándose una línea para distinguir los párrafos. El segundo es bloque estándar. En este estilo, la fecha, la cortesía final y la firma se colocan un poco a la derecha del centro de la página. Todas las otras partes de la carta se colocan en el margen izquierdo. El tercer es semibloque. En este caso, la fecha, la cortesía final y la firma se colocan un poco a la derecha del centro de la página y las otras partes empiezan a cinco espacios desde el margen izquierdo. Finalmente hay el estilo colgante. En este estilo, la primera línea de cada párrafo empieza al margen izquierdo y las subsiguientes empiezan a cinco espacios desde el margen izquierdo.

Preguntas

1. ¿Ha escrito Ud. alguna vez una carta de negocios? ¿Para qué? ¿Con qué resultados?
2. ¿Por qué es importante saber escribir una carta de negocios?
3. ¿Cuáles son unas razones por qué los hombres de negocios tienen que escribir cartas? ¿Cuáles son algunos ejemplos de diferentes tipos de cartas de negocios? Descríbalos.
4. Nombre y describa las partes requeridas de una carta comercial.
5. Nombre y describa las partes opcionales de una carta comercial.
6. Nombre y describa los estilos de presentación de una carta comercial.

Charlemos un poco

A. Definiciones. Escuche los temas que su profesor/a le describe e identifique qué tipo de carta debe escribir en cada caso.

Ejemplo: Necesito una lista de los productos de la compañía.

Ud. responde: Debe escribir una solicitud de catálogos.

1. _____

2. _____

3. _____

4. _____

5. _____

B. Abreviaturas. Escriba lo que significan las siguientes abreviaturas.

1. Dr./Dra. _____

2. Ing°/Ingª _____

3. Lcdo./Ldo./Lic. _____

4. Gte./Gral. _____

5. C.P. _____

6. Avda. _____

7. Esq. _____

8. Dra./Izqa. _____

9. S.A. _____

10. Dn./Dña. _____

C. **Breves cartas de negocios.** Ud. dicta una carta a su secretaria sobre los temas siguientes. ¿Qué dice Ud.? Escriba por lo menos tres frases en cada caso.

> *Ejemplo:* Una confirmación de pedido directo
>
> Acusamos recibo de su pedido de fecha 23 de septiembre. Le enviaremos los productos que pidió dentro de dos semanas. Le agradecemos su interés en nuestros productos.

1. Una carta para solicitar catálogos
2. Una carta para solicitar muestras
3. Una carta para anunciar alza de precios
4. Una carta de queja por demora en embarque
5. Un recordatorio de pago

Entrevista

👤👤 Su supervisor quiere que escriba una carta de queja por mal embalaje. Ud. habla con el empleado que recibió los productos para averiguar la información que necesita.

Primera etapa: Escriba por lo menos cinco preguntas para obtener la información que quiere. Puede incluir preguntas sobre los productos incluidos en el envío, su condición, su costo, etc.

Segunda etapa: Use las preguntas para entrevistar a un/a compañero/a de clase. Anote sus respuestas.

Tercera etapa: Escriba una carta que resume toda la información que obtuvo durante la entrevista. Puede seguir este modelo.

Estimados señores:

Acusamos recibo de pedido número 257 que incluye _____ ,

_____ y _____ al precio de _____ cada uno.

Lamentamos informarles que, al llegar, los productos

_____ (descripción de la condición) _____ . Por eso, por

separado les devolvemos dichos productos y pedimos reembolso.

Cuarta etapa: Preséntele esta carta a la clase.

Situaciones

En grupos de dos o tres compañeros de clase, representen una de las situaciones siguientes.

1. Ud. acaba de leer una carta de presentación que le dio una colega nueva. Ahora Ud. habla con ella sobre su contenido.
2. Ud. ha recibido una solicitud de referencias y habla con su amigo sobre lo que él quiere que Ud. escriba en su carta de recomendación.
3. Su compañía ha recibido un recordatorio de pago y Ud. habla con el remitente para explicarle la situación.

Repaso de gramática

Present Tense of Irregular Verbs

Verbs that do not follow the regular conjugations of **-ar, -er,** and **-ir** verbs, or that have certain exceptions, are irregular verbs. **Ser** and **estar**, introduced in **Paso 1**, are irregular verbs.

A. The verbs **tener** (to have), **venir** (to come), and **decir** (to say) are stem-changing (**Paso 2**), as well as irregular verbs. The stems of **tener** and **venir** change from **e** to **ie** and the stem of **decir** changes from **e** to **i**. They are also irregular because the **yo** form (first person singular) has a **g**. Remember that stem-changing verbs do not change in the **nosotros** or **vosotros** forms.

tener	
yo ten**g**o	nosotros/as tenemos
tú t**ie**nes	vosotros/as tenéis
él/ella/Ud. t**ie**ne	ellos/ellas/Uds. t**ie**nen

venir		decir	
yo ven**g**o	nosotros/as venimos	yo di**g**o	nosotros/as decimos
tú v**ie**nes	vosotros/as venís	tú dices	vosotros/as decís
él/ella/Ud. v**ie**ne	ellos/ellas/Uds. v**ie**nen	él/ella/Ud. dice	ellos/ellas/Uds dicen

B. The verbs **hacer** (to make; to do), **poner** (to put, place; to turn on), **salir** (to leave; to go out), **caer** (to fall), **traer** (to bring), and **valer** (to be worth) are irregular in the **yo** form only. Like **tener** and **venir**, the first person singular form of these verbs end in **–go.** All other forms of these verbs follow regular conjugation patterns for **–er** and **–ir** verbs.

hacer:	yo **hago,** tú haces, él/ella/Ud. hace, etc.
poner:	yo **pongo,** tú pones, él/ella/Ud. pone, etc.
salir:	yo **salgo,** tú sales, él/ella/Ud. sale, etc.
caer:	yo **caigo,** tú caes, él/ella/Ud. cae, etc.
traer:	yo **traigo,** tú traes, él/ella/Ud. trae, etc.
valer:	yo **valgo,** tú vales, él/ella/Ud. vale, etc.

Note that the verb **oír** (to hear) has the irregular **yo** form **oigo** and also undergoes an **i** to **y** spelling change in the forms where the verb ending begins with an **e.**

oír	
yo oi**go**	nosotros/as oímos
tú o**yes**	vosotros/as oís
él/ella/Ud. o**ye**	ellos/ellas/Uds. o**yen**

C. The verbs **saber** and **conocer** are irregular only in the **yo** form. They both mean *to know,* however, like **ser** and **estar,** they are used in different situations.

saber		conocer	
yo **sé**	nosotros/as sabemos	yo **conozco**	nosotros/as conocemos
tú sabes	vosotros/as sabéis	tú conoces	vosotros/as conocéis
él/ella/Ud. sabe	ellos/ellas/Uds. saben	él/ella/Ud. conoce	ellos/ellas/Uds. conocen

Uses:

Saber

1. To know bits of information.

  • Yo **sé** su nombre.

2. To know how to do something.

  • Tú **sabes** manejar bien.

Conocer

1. To know a person, place, or thing.

  • Yo **conozco** al presidente.

2. To meet or become acquainted with a person, place, thing, artistic or scientific work.

  • Ellos quieren **conocer** la ciudad.
  • ¿**Conoces** a Alicia Sotomayor?

D. The verb **ir** (to go) is a very useful verb in Spanish. It can be used to say where you are going or what you are going to do.

ir	
yo **voy**	nosotros/as **vamos**
tú **vas**	vosotros/as **vais**
él/ella/Ud. **va**	ellos/ellas/Uds. **van**

The verb **ir** is generally used with the preposition **a**.

> Yo **voy a las reuniones** para presentar mis ideas.
> *I go to the meetings to present my ideas.*

> Nosotros **vamos a comprar** algunos materiales para la presentación.
> *We are going to buy some materials for the presentation.*

In the first example, **ir** is used to describe motion toward a place or an event. In the second example, **ir** is used with an infinitive to convey a future action.

The verb **dar** (to give) is conjugated like **ir**.

dar	
yo **doy**	nosotros/as **damos**
tú **das**	vosotros/as **dais**
él/ella/Ud. **da**	ellos/ellas/Uds. **dan**

Ejercicios

A. ¿Saber o conocer? Complete las oraciones con la forma apropiada de **saber** o **conocer**.

1. Yo no _____ bien el programa de computadora para la contabilidad.

2. Amanda _____ preparar los formularios para los clientes.

3. Yo _____ quién es el nuevo director de mercadeo.

4. Es importante _____ el código postal de esta área.

5. ¿_____ tú cómo podemos enviar estos papeles?

6. Nosotros _____ a todos los supervisores.

B. Una secretaria ideal. Complete el párrafo con la forma correcta de los verbos de la lista.

vivir   saber   hablar   llamar   ir   querer   venir   tener   ser

Mi secretaria se (1.)_____ Miriam. Ella (2.)_____ unos

treinta años. (3.)_____ una persona muy responsable. Ella

siempre (4.)_____ al trabajo temprano, porque (5.)_____

muy cerca de la oficina. Ella (6.)_____ tres idiomas y

(7.)_____ continuar sus estudios en la universidad. Miriam

(8.)_____ a empezar sus estudios el año próximo. Yo

(9.)_____ que ella triunfará en todo lo que se proponga hacer.

C. Gramática en contexto. Use los verbos a continuación y su imaginación para escribir un párrafo que describa su trabajo.

> *Ejemplo:* Verbos: saber, tener, traer
>
> Párrafo: Yo **sé** usar el ordenador. **Tengo** que usarlo cada día para escribir informes. Después de escribir los informes, se los **traigo** a mi supervisor.

1. tener, salir, traer, ver, ir
2. venir, decir, valer, dar, caer

Escribamos

El director de su departamento quiere saber cuáles son sus planes para aumentar la producción laboral el año próximo. Escríbale algunas ideas con respecto a la capacitación de nuevos empleados e incentivos de trabajo. Puede usar el verbo **ir** para hablar sobre proyectos futuros.

Una vez más

Antes de leer

1. ¿Cree Ud. que es importante conocer algo de la cultura de un país antes de hacer negocios en el país? Explique.
2. ¿Cuáles son algunos ejemplos de lo que se debe saber?
3. ¿Ya sabe Ud. algo de las diferencias entre nuestra cultura y las culturas de países hispanohablantes? Descríbalas.

A leer

Lea la lectura y conteste las preguntas siguientes.

Hacer negocios en un país hispanohablante

Para hacer negocios en un país extranjero, es muy importante aprender no sólo la lengua sino también la cultura. Para conversar con la gente, hay que saber algo de su historia, su literatura y su política. Pero la cultura no es solamente las bellas artes —también tiene que ver con las interacciones entre la gente. Hay que conocer las distintas maneras de presentarse, saludos, usos de títulos, niveles apropiados de formalidad y familiaridad, cómo comportarse en reuniones y horas de negocio en cada país.

Hay muchas diferencias sorprendentes entre cómo los norteamericanos y los hispanohablantes se saludan. En Norteamérica, entre hombres de negocio es muy importante darse la mano con fuerza. Es simbólico de confianza y fortitud. En países hispanohablantes darse la mano es también importante. Pero los hombres de negocio frecuentemente se abrazan también. Las mujeres a veces se besan. Y cuando hablan, los hispanohablantes se acercan mucho más que lo normal en los Estados Unidos y el Canadá. Finalmente, en muchos países hispanohablantes, las relaciones entre hombres de negocios son mucho más formales que en Norteamérica. Es común seguir usando títulos y apellidos en vez de nombres después de conocerse hace mucho tiempo. En otros países esta costumbre es más relajada.

El comportamiento en reuniones puede ser otra fuente de confusión para extranjeros en el mundo de negocios. En países hispanohablantes, no es una descortesía llegar un poco tarde a una reunión. De hecho, el error más común de los norteamericanos es llegar y empezar a hablar de negocios inmediatamente. En países hispanohablantes hay que charlar un poco antes de hacer negocios. Esto demuestra un interés en y respeto hacia la otra persona. Es muy común mezclar negocios con alguna forma de entretenimiento como, por ejemplo, una comida. Pero, en contraste con las tradiciones de los Estados Unidos y el Canadá donde el almuerzo es la comida de hombres de negocios, en muchos países hispanohablantes el desayuno es cuando se reúnen para hacer negocios. Esto es porque el almuerzo es la comida más grande y más importante del día. Generalmente, es cuando la familia se junta para conversar. Pero las oficinas en países hispanohablantes frecuentemente no se abren hasta las 10:00. Así, los hombres desayunan, hablan de negocios y luego van a la oficina.

Las horas de negocios son muy diferentes en los países hispanohablantes. Como ya se mencionó, en muchos países las oficinas no se abren hasta las 10:00. En otros países se abren a las 8:30. La gente trabaja hasta la 1:00. Entre la 1:00 y las 3:00 o 4:00 regresan a casa para la comida, pasar tiempo con la familia y una siesta. Después, regresan al trabajo hasta las 6:00 o a veces las 8:00. Por eso, la cena tampoco es una comida apropiada para reuniones. Se come la cena muy tarde y es normalmente una comida muy pequeña.

Preguntas

1. Describa las diferencias entre cómo se saludan en Norteamérica y los países hispanohablantes.
2. Describa la reunión típica en Norteamérica y los países hispanohablantes.
3. Describa las diferencias entre las horas de oficina en Norteamérica y los países hispanohablantes.

Discusión

👤👤 Hable con un/a compañero/a de clase sobre las diferencias entre las costumbres sociales de nuestro país y las de los países hispanohablantes. ¿Qué comentarios ofrecen estas diferencias sobre las prioridades en nuestras culturas?

La carta de negocios

Lea la carta siguiente y úsela como modelo para escribir su propia carta anunciando un programa que su compañía va a presentar. Incluya las frases útiles que Ud. aprendió en este capítulo.

Unidad Las Américas
Avenida de Mayo 1230
1089 Buenos Aires
Tel. 4865-2579 Fax 4865-2570

21 de febrero de 2003
Mr. John Smith
123 First Avenue
New York, NY 02367-6789

Estimado señor Smith:

Por la presente, nos es grato dirigirnos a Ud. con el objeto de invitarlo a la Asamblea de Tecnología que se celebrará el día lunes 2 de marzo del corriente año a las 8:00 horas.

En la Asamblea tendrá la oportunidad de ver demostraciones de los nuevos programas y aparatos que saldrán este año. También habrá representantes de todas las compañías mundiales más importantes para contestar sus preguntas.

Adjunta le enviamos una lista de las compañías que participarán con sus correspondientes productos.

En espera de su favorable contestación y sin otro particular, lo saludamos muy atentamente,

Pedro López

Pedro López
Presidente, Unidad Las Américas

Panorama cultural

Madrid es una ciudad moderna y grande como Nueva York. ¿Cuáles son las diferencias entre los rascacielos que se ven en esta foto y los de Nueva York?

Lea la lectura y haga las actividades siguientes.

España

España, miembro de la Unión Europea, tiene una economía muy fuerte y diversificada que ahora se enfoca en la privatización de industrias controladas por el Estado. La economía española se basa en servicios (63%) e industria (34%). Muchos de los servicios apoyan el turismo como, por ejemplo, hoteles, restaurantes, transporte y bancos. Las industrias principales producen artículos muy rentables para la exportación, como por ejemplo coches y maquinaria, ropa, químicos y buques. Casi el 75% de la exportación de España va a otros países de la Unión Europea.

El peor problema económico que tiene España son los conflictos laborales. Las reformas laborales en España progresan muy lentamente y por eso el país tiene la tasa de desempleo más alta de toda la Unión Europea (20%). Los estados miembros de la Unión Europea piensan que estas reformas laborales serán muy importantes para sostener la economía española.

1. ¿En qué se enfoca el gobierno español para mejorar la economía?
2. ¿En qué se basa la economía española?
3. ¿Qué productos exporta España y a qué países?
4. Describa el problema económico que tiene España ahora.

Actividades

Use el Internet para buscar información sobre los temas siguientes. Si no sabe usar el Internet o si necesita saber más sobre usarlo para buscar temas en español, se puede ver la introducción al Internet que sigue estas preguntas.

1. ¿A cuánto está la tasa de inflación, la tasa de desempleo y el producto interno bruto (GDP) de España, según los informes más corrientes? (Use las palabras clave "España e inflación", etc.)
2. ¿Cuáles son unas regiones industriales de importancia en España y qué producen? (Use los nombres de las regiones españolas y la palabra clave "industria" o "economía".)
3. Busque información sobre el euro, la nueva moneda que adoptó la Unión Europea.

Introducción al Internet

Se puede aprender acerca de países hispanohablantes, su economía, sus productos, sus ciudades y su cultura usando el Internet. Muchos de Uds. ya saben navegar el Internet, pero otros no saben mucho del Internet. En este capítulo solamente presentamos esta actividad extra para presentar el uso del Internet. Vamos a explorarlo usando un buscador. Tal vez Ud. sepa lo que es un buscador, tal vez no. ¿Sabe Ud. lo que es Yahoo? ¿Altavista? ¿Lycos? ¿Hotbot? Éstos son los nombres de algunos buscadores muy conocidos. Un buscador es una utilidad que se usa para buscar información en el Internet. Los buscadores tienen una caja en la que se puede entrar una palabra clave para buscar información. Por ejemplo, si Ud. quiere información sobre el metro en la ciudad de Madrid, las palabras clave que se entran serían "Madrid y metro" o tal vez "Madrid y transporte". El buscador le dará una lista de hiperenlaces. Los hiperenlaces son palabras subrayadas que normalmente aparecen en un color diferente del otro texto. Ud. puede hacer el "click" sobre estas palabras y se abrirá otra página Web.

Hágalo. Abra el navegador, por ejemplo, Netscape o Internet Explorer, en un ordenador con acceso al Internet. Vaya a un buscador usando una de las direcciones siguientes:

> http://www.yahoo.com
> http://www.altavista.com
> http://www.lycos.com

En el espacio, escriba "Madrid and subway". Cuando el buscador le dé una lista de hiperenlaces, haga el "click" sobre uno de ellos. ¿Qué información encuentra?

Para encontrar información en español, es mejor usar un buscador escrito en español porque tales buscadores buscan el Internet usando palabras en español y se enfocan en países hispanohablantes. Por eso, Ud. tendrá que encontrar buscadores en español. Para hacer eso, primero vaya a la dirección siguiente:

> http://www. yahoo.es/

Aquí tiene una versión de Yahoo! en español. ¿Tienen los otros buscadores versiones en español? Trate de encontrarlas usando el nombre del buscador y la palabra "español", por ejemplo, "altavista y español". ¿Encontró Ud. la dirección de Altavista en español? ¡Ojo! Cuando entre palabras clave, no es necesario usar ni acentos ni tildes.

Actividades

A. Haga una lista de por lo menos cinco buscadores en español. Use la versión española de Yahoo! que ya tiene para encontrar otros buscadores. Use la palabra clave "buscador" o busque unos nombres específicos como los siguientes:

Biwe	Quepasa	Yupi
La lupa	Telépolis	Olé
Plux!		

Ud. debe anotar estas direcciones porque serán muy útiles para encontrar información en futuros ejercicios.

B. Otro medio importante para buscar información son los periódicos. ¿Sabe Ud. que la mayoría de los periódicos tienen una versión electrónica? Busque las direcciones de por lo menos cinco periódicos en español de diferentes países. Use la palabra clave "periódicos" o la palabra "periódico" junto con los nombres específicos de unos periódicos como los siguientes:

El País	*Hoy*
El Mundo	*El Tiempo*
La Nación	

C. Finalmente hay revistas electrónicas. ¿Puede Ud. encontrar por lo menos cinco revistas de negocios en el Internet? Use las palabras clave "revistas y negocios" o la palabra "revista" junto con los nombres de unas revistas como las siguientes:

Dinero	*Creativa*
Latin Trade	*Neo*
Alzas y Bajas	

Cree y guarde una lista extensa de direcciones de buscadores, periódicos y revistas de negocios en español para usar en ejercicios futuros. Use las direcciones que ya ha encontrado en los ejercicios anteriores para buscar más información sobre los países hispanohablantes en los capítulos a continuación.

Vocabulario

Saludos y despedidas

Buenos días.	*Good day/morning.*
Buenas tardes.	*Good afternoon.*
Buenas noches.	*Good night/evening.*
Hola.	*Hello.*
Adiós.	*Good-bye.*
Hasta luego.	*See you later.*
Hasta la vista.	
Quisiera presentarle a…	*I would like to introduce you to…*
Mucho gusto.	*Pleased to meet you.*
Encantado/a.	*Likewise.*
Igualmente.	

Preguntas personales

¿Cómo se llama Ud.?	*What is your*
¿Cuál es su nombre?	*name?*
Me llamo…	*My name is…*
Mi nombre es…	
Soy…	
¿De dónde es Ud.?	*Where are you from?*
Soy de…	*I'm from…*
¿Cómo está Ud.?	*How are you?*
Estoy…	*I am…*
muy bien	*very well*
bien	*well*
así así	*so so*
más o menos	*OK*
No estoy muy bien.	*I'm not so good.*
¿Y Ud.?	*And you?*

Más expresiones de cortesía

por favor	*please*
Gracias.	*Thanks.*
De nada.	*You're welcome.*
No hay de qué.	
Está bien.	
No hay cuidado.	
Lo siento.	*I'm sorry.*
Disculpe.	*Excuse me.*
Con permiso.	
Perdone.	

La carta
Los saludos y despedidas

Estimado/a señor/a	*Dear Sir/Madame*
Distinguido/a señor/a	
Muy señor/a mío/a	
De mi mayor consideración	
Atentamente	*Sincerely*
Lo/s saludo atentamente	
La/s saludo atentamente	
Me despido de usted/es atentamente	
Aprovecho la oportunidad para saludarlo atentamente	
Reciba un atento/cordial saludo	

Partes de una carta

el sobre	*envelope*
el paquete	*package*
el sello, la estampilla	*stamp*
el remitente	*return address*
el destinatario	*addressee*
el apartado postal, la casilla de correo	*mail box*

la carta certificada	*certified letter*
con acuso de recibo	*return receipt*
porte debido	*postage due*
porte pagado	*postage paid*
el franqueo	*postage*
el matasellos, el cuño	*postmark*
la entrega especial	*special delivery*
el correo aéreo	*air mail*
el código postal	*zip code, postal code*

Tipos de cartas

carta para solicitar:	*letter to request:*
representación exclusiva	*exclusive representation*
precios y condiciones de venta	*prices and terms of sale*
catálogos	*catalogues*
muestras	*samples*
carta para anunciar:	*letter to announce:*
apertura de un negocio	*opening of a business*
alza de precios	*price increase*
una oferta especial	*special offer*
carta de queja por:	*letter of complaint regarding:*
demora en embarque	*delayed shipping*
mal embalaje	*poor packing*
pedido de mercancía	*merchandise order*
acuso de recibo de pedido	*acknowledgment of receipt*

aviso de despacho de pedido	*shipping advisement*
recordatorio de pago	*payment due reminder*
carta de presentación	*letter of introduction*
solicitud de empleo	*letter of application*
carta de renuncia	*letter of resignation*
carta de pésame	*sympathy letter*

Abreviaturas

Sr./Sra./Srta.	señor/señora/señorita
Dn./Dña.	don/doña
Abdo.	Abogado
Arto.	Arquitecto
Dr./Dra.	Doctor/a
Ingº/Ingª	Ingeniero/a
Lcdo./Ldo./Lic.	Licenciado
Gte./Gral.	Gerente/General
Prof./Profa.	Profesor/a
C.P.	código postal
Avda.	Avenida
esq.	esquina
dra./izqa.	derecha/izquierda
S.A.	Sociedad Anónima (Inc.)
Col.	Colonia
D.F.	Distrito Federal

CAPÍTULO 2
El viaje de negocios

Anticipemos

¿Qué sabe Ud. del proceso de organizar un viaje por avión, tren o automóvil? ¿Qué hay que hacer en cada caso?

¿Cuándo sería preferible viajar en tren o coche en vez de avión? ¿Es común viajar por tren en los Estados Unidos y el Canadá?

¿Cuáles son unas diferencias entre las varias clases de hoteles? ¿Son los hoteles en los países extranjeros diferentes de los que tenemos en los Estados Unidos y el Canadá? Explique.

¿Qué hay que saber antes de alquilar un coche en un país extranjero?

Antes de empezar el capítulo, repase el vocabulario al final del capítulo.

Paso 1

Empecemos

Hacer reservas

Liliana, la seretaria de Alicia, hace reservas por teléfono para su viaje a Sevilla.

Agente: Iberia, buenos días. ¿En qué puedo servirle?

Liliana: Buenos días. Deseo reservar un asiento bajo el nombre de Alicia Hernández para Sevilla el 12 de mayo.

Agente: Tenemos cinco vuelos: a las 6:30, 9:15, 11:45, 12:20 y 15:30. ¿Cuál vuelo prefiere Ud.?

Liliana: Prefiero el vuelo de las 6:30 de la mañana. Mi jefa tiene que llegar temprano para una reunión.

Agente: Ya entiendo. ¿Prefiere un asiento en la ventanilla o en el pasillo?

Liliana: En el pasillo, por favor, y en la sección de no fumar.

Agente: Muy bien. Tengo el asiento B, fila ocho reservado bajo el nombre Alicia Hernández. La Sra. Hernández puede llevar a bordo un maletín u otro tipo de equipaje de mano y puede facturar dos maletas. El vuelo 315 con destino a Sevilla sale de la puerta número 14 a las 6:30. Abordarán a las 6:00. Como hoy ya es el 9 de mayo, no podemos enviarle los billetes. Ella puede recogerlos en el mostrador de Iberia en el aeropuerto. ¿Hay algo más?

Liliana: Sí. ¿Me puede ayudar con el hotel y el coche también?

Agente: Claro. ¿Prefiere un cuarto sencillo o doble?

Liliana: Sencillo, por favor, en un hotel de lujo en el centro empresarial de la ciudad. Mi jefa tiene que reunirse con unos clientes muy importantes y además necesitará los servicios del conserje.

Agente: ¿No sería mejor una suite para recibir clientes?

Liliana: No, gracias, no es necesario.

Agente: ¿Y para el coche?

Liliana: Necesita un coche con transmisión automática.

Agente: Bueno, déjeme hacer unas llamadas y la llamaré con todos los detalles de las reservas. ¿Vale?

Liliana: Claro. Llámeme al 453-8950. Muchas gracias.

Agente: De nada. Hasta luego.

Preguntas

1. Describa las diferencias entre los viajes de negocios y los viajes personales. ¿Qué se trae? ¿Qué se hace? ¿Cómo se viaja?
2. ¿Es más difícil hacer un viaje de negocios internacional? ¿Por qué o por qué no?
3. ¿Qué vuelo prefiere Alicia y por qué?
4. ¿Qué asiento recibe?
5. ¿Qué otros detalles ofrece el agente sobre el vuelo y los billetes?
6. ¿Qué más necesita Liliana? ¿Puede ayudarla el agente?
7. ¿Por qué prefiere Alicia un hotel de lujo?

Charlemos un poco

A. Preguntas y respuestas. Dé la pregunta que corresponde a cada respuesta que lee su profesor/a.

> *Ejemplo:* Respuesta: Prefiero la sección de no fumar.
>
> Pregunta: ¿En qué sección prefiere sentarse?

1. _____
2. _____
3. _____
4. _____
5. _____
6. _____
7. _____
8. _____
9. _____
10. _____

B. Definiciones. Dé una definición en español de las palabras a continuación. Puede usar las expresiones siguientes:

> Es una cosa que...
> Es un lugar donde...
> Es una persona que...

> *Ejemplo:* el maletín
>
> Es una cosa que se usa para llevar papeles importantes.

1. el equipaje
2. el pasaporte
3. la tripulación
4. la sala de espera
5. la turbulencia
6. el mozo
7. la aduana
8. los intermitentes
9. el seguro
10. el parabrisas

C. Dibujos. Describa lo que se ve en los dibujos siguientes.

Entrevista

👤👤 Ud. necesita más información sobre transporte para un viaje que va a hacer el mes que viene. Hable con un/a amigo/a que ha viajado mucho en el país adonde Ud. va.

Primera etapa: Escriba por lo menos cinco preguntas que puede usar para obtener información sobre el vuelo, el sistema de trenes en el país de destino y la posibilidad de alquilar un coche. Puede pedir información sobre precios, disponibilidad, horarios, etc.

Segunda etapa: Use las preguntas para entrevistar a un/a compañero/a de clase. Anote sus respuestas.

Tercera etapa: Escriba un párrafo que resume toda la información que obtuvo durante la entrevista. Puede seguir este modelo.

Mi colega me dice que los vuelos a _____ son _____

y cuestan más o menos _____ . Es mejor viajar en la clase

_____ en la sección de _____ en un asiento

_____ . Los trenes en _____ son muy _____ .

Para usarlos _____ . (No) es una buena idea alquilar un coche

porque _____ .

Cuarta etapa: Preséntele esta información a la clase.

Situaciones

En grupos de dos o tres compañeros de clase, representen una de las situaciones siguientes. Usen el vocabulario de este capítulo.

1. Ud. decide comprar un boleto en el aeropuerto. Hable con el/la agente e indique qué tipo de pasaje prefiere, para cuándo, etc.
2. Ud. llama a la estación de tren para reservar un boleto para un viaje de tres días.
3. Ud. alquiló un coche. Cuando llega al mostrador, hay una serie de problemas.

Repaso de gramática

Formal Commands

When using a command that refers to a person or persons whom you address as **Ud.** or **Uds.**, use the formal command.

A. To conjugate regular verbs as commands, simply reverse the conjugations of **-ar** and **–er/-ir** verbs:

-ar	-er/-ir
Ud. habl**e**	Ud. escrib**a**
Uds. habl**en**	Uds. escrib**an**

B. Formal commands are formed by using the stem of the present tense **yo** form. All verbs with irregular **yo** forms or spelling changes in the present tense preserve these changes in the formal commands.

tener	**tenga(n)**	poner	**ponga(n)**
decir	**diga(n)**	salir	**salga(n)**
traer	**traiga(n)**	escoger	**escoja(n)**
venir	**venga(n)**	incluir	**incluya(n)**
hacer	**haga(n)**	conocer	**conozca(n)**

C. There are five irregular commands that do not follow the other two patterns:

ir	**vaya(n)**
dar	**dé, den**
saber	**sepa(n)**
ser	**sea(n)**
estar	**esté(n)**

Note that stem-changing verbs have stem-changing commands. You reverse the endings, as you do for the regular verbs.

cerrar	cierre(n)
volver	vuelva(n)
pedir	pida(n)

Commands are commonly used to give directions.

seguir	**siga(n)**… (derecho) por dos cuadras
doblar	**doble(n)**… a la derecha/izquierda
buscar	**busque(n)**… un edificio/letrero
cruzar	**cruce(n)**… la calle/avenida

Para llegar a la estación de autobuses, **siga** derecho por tres cuadras, **doble** a la izquierda y **busque** un edificio gris de cuatro pisos. La estación está a su derecha.

Ejercicios

A. Direcciones. Explíquele a su cliente cómo ir de un lugar a otro según el mapa y las indicaciones.

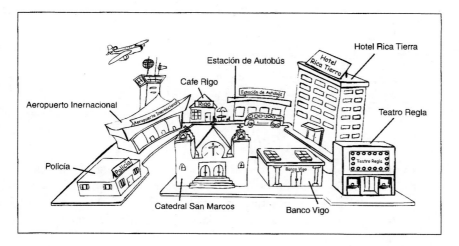

1. del aeropuerto internacional a la estación de autobús
2. del Hotel Rica Tierra a la Catedral San Marcos
3. del Banco Vigo al Café Rigo
4. de la comisaría de policía al Teatro Regla

B. ¡A completar! Complete lo que dice la azafata con el mandato apropiado usando los verbos de la lista.

dejar	devolver	sentar	abrochar
dar	buscar	poner	respirar

—Señores pasajeros, antes del despegue, por favor (1.)_____se, (2.)_____ los respaldos de los asientos a la posición vertical y (3.)_____se sus cinturones de seguridad. En caso de emergencia, las máscaras de oxígeno bajarán de un compartimiento sobre la cabeza. (4.)_____se la máscara sobre la boca y (5.)_____ normalmente. Parte de este vuelo pasa sobre el océano. En caso de un aterrizaje de emergencia, (6.)_____ el chaleco salvavidas debajo del asiento. Ahora, en preparación para el despegue, (7.)_____le sus vasos a las azafatas. Por favor, (8.)_____ de usar los aparatos electrónicos.

C. **¡Feliz viaje!** Complete las instrucciones que la guía les da a su grupo de turistas.

1. _____ (hacer/Ud.) las reservas para el lunes, por favor.

2. _____ (traer/Ud.) las maletas al mostrador.

3. _____ (poner/Ud.) el equipaje de mano en el compartimiento sobre la cabeza.

4. _____ (salir/Uds.) de la puerta número 5.

5. _____ le (dar/Uds.) sus billetes al agente.

Escribamos

Ud. no puede asistir a una asamblea en España, y su colega tiene que ir por Ud. Escríbale una lista de por lo menos diez cosas que debe saber acerca del viaje, los boletos, las reservas, el hotel y el transporte. Use los mandatos formales y el vocabulario para escribirle una carta con sus instrucciones.

Paso 2

Empecemos

Registrarse en un hotel

Alicia habla con la recepcionista en el hotel.

Recepcionista: Buenos días. ¿En qué puedo servirle?

Alicia: Buenos días. Tengo reservas bajo el nombre Hernández.

Recepcionista: Sí, aquí las tengo. Es un cuarto sencillo, ¿verdad? ¿Por cuántas noches?

Alicia: Sí, sencillo. Por tres noches.

Recepcionista: Muy bien, rellene estos formularios, por favor. Necesito una tarjeta de crédito e identificación. Ud. estará en el quinto piso en la habitación número 515. Aquí tiene las llaves. El botones puede subirle las maletas.

Alicia: Gracias. ¿Me puede describir los otros servicios del hotel?

Recepcionista:	Por supuesto. Tenemos servicio de lavado, una piscina, un gimnasio en el piso veinte, dos restaurantes y todos los servicios normales del conserje. Además, Ud. puede utilizar nuestro centro de negocios para acceso a las computadoras, al correo electrónico, al fax y al Internet.
Alicia:	Perfecto, muchas gracias. Pídale al botones que me suba el periódico local y un agua mineral a la habitación.
Recepcionista:	Cómo no, señora. Inmediatamente se lo digo. ¿Algo más?
Alicia:	No gracias. Eso es todo.

Preguntas

1. Describa las diferencias entre un hotel de lujo como éste y uno más barato.
2. Describa las decisiones que hay que tomar cuando se hace reservas para un hotel.
3. ¿Qué necesita hacer Alicia cuando llega al hotel antes de ir a su cuarto?
4. ¿Qué tipo de cuarto tiene Alicia?
5. ¿Cuánto tiempo piensa quedarse en el hotel?
6. ¿Qué quiere Alicia que el botones haga?
7. Describa los otros servicios del hotel.

Charlemos un poco

A. Preguntas y respuestas. Dé la pregunta que corresponde a cada respuesta que lee su profesor/a.

Ejemplo: Respuesta: Servicios de lavado y de conserje.

Pregunta: ¿Qué servicios ofrece el hotel?

1. _____
2. _____
3. _____
4. _____
5. _____

B. Definiciones. Dé una definición en español de las palabras a continuación y úselas en frases completas. Puede usar las expresiones siguientes.

> Es una persona que...   Es un lugar donde...
> Es una cosa que...   Es un actividad en la cual...

Ejemplo: la recepcionista

> Es una persona que trabaja en la recepción en un hotel.
>
> La recepcionista habla con el cliente.

1. la llave
2. el botones
3. la reserva
4. el huésped
5. la criada

6. el servicio de cuarto
7. el servicio de lavado
8. la pensión completa
9. la cama matrimonial
10. el baño privado

C. Dibujos. Describa los dibujos siguientes.

Entrevista

👤👤 Ud. no sabe mucho del hotel en el que va a alojarse durante su próximo viaje. Por eso, Ud. habla con un/a amigo/a que siempre se queda en este hotel.

Primera etapa: Escriba por lo menos cinco preguntas para obtener información sobre el hotel. Puede pedir información sobre precios, servicios, etc.

Segunda etapa: Use las preguntas para entrevistar a un/a compañero/a de clase. Anote sus respuestas.

Tercera etapa: Escriba un párrafo que resume toda la información que obtuvo durante la entrevista. Puede seguir este modelo.

Mi colega dice que este hotel es muy _____ . En los cuartos hay _____ . El hotel tiene _____ y _____ . También el hotel ofrece servicios de _____ . Finalmente, el hotel (no) cuesta mucho: _____ .

Cuarta etapa: Preséntele esta información a la clase.

Situaciones

En grupos de dos o tres compañeros de clase, representen una de las situaciones siguientes. Usen el vocabulario de este capítulo.

1. Ud. no está satisfecho/a con su habitación en Barcelona. Llame a la recepción y explique cuál es el problema.
2. Ud. es huésped en un hotel español lujoso. Dígale al/a la recepcionista qué tipo de habitación y servicios desea.
3. Su reserva en el hotel se ha perdido. Hable con el/la recepcionista para resolver el problema.

Repaso de gramática

Direct and Indirect Object Pronouns with Commands

Commands are often used with direct and indirect object pronouns. All object pronouns share **me, te, nos,** and **os.** Only the third person forms differ: **le/les** for the indirect object pronouns and **lo/la/los/las** for the direct object pronouns.

Direct Object Pronouns

Direct object pronouns answer the question *what?* or *whom?* Use **la(s)** or **lo(s)** for the third person.

Prepare **el reporte.**	*Prepare the report.*
Prepáre**lo.**	*Prepare it.*
Traiga **las cartas.**	*Bring the letters.*
Tráiga**las.**	*Bring them.*

Indirect Object Pronouns

Indirect object pronouns answer the question *to whom?* or *for whom?*
It is the person to whom you are speaking to or for whom you are
working, etc. Use **le(s)** for the third person.

> Prepare el reporte **para mí.**
> Prepáre**me** el reporte.
>
> Traiga las cartas **a los clientes.**
> Tráiga**les** las cartas.

A. For the affirmative command, object pronouns are attached to the
command with the indirect object pronoun first and the direct
object pronoun second.

> **Háblele** a Juan.   *Speak to Juan.*
> **Démelo.**   *Give me it.*

Note that the affirmative commands with attached object pronouns
require an accent mark to preserve the original pronunciation of the
verb: **hable Ud., hábleme.**

B. For the negative command, the object pronouns precede the verb.
The indirect object comes first; the direct object comes second.

> **No le hable** a Juan.   *Don't speak to Juan.*
> **No me lo dé.**   *Don't give it to me.*

C. When the third person indirect pronouns **le** and **les** are used in
combination with the third person direct object pronouns **lo, la,
los, las, le** and **les** become **se.**

> Díga**le** la verdad a su jefe.
> Díga**se**la.

Ejercicios

A. Preguntas y respuestas. Varios empleados del hotel le hacen
algunas preguntas acerca de sus necesidades. Conteste las
preguntas con el mandato formal y el pronombre de objeto
directo, en el afirmativo y negativo.

> *Ejemplo:* ¿Limpio *la habitación*?
>
> Sí, límpiela, por favor.
>
> No gracias, no la limpie.

1. ¿Traigo más *toallas*?
2. ¿Llamo a *la sirvienta*?
3. ¿Busco *el número* de la oficina de cambio?
4. ¿Hago *sus reservas* para otra noche?
5. ¿Pido *el horario* del tren?

B. Por favor. Ud. llama a su secretario desde su hotel en Madrid y le pide que haga algunas cosas para Ud. y para sus clientes. Escriba por lo menos cinco mandatos.

> *Ejemplo:* Búsqueme el número de fax del Sr. Álvarez. Envíele el informe al Sr. Álvarez.

1. _____

2. _____

3. _____

4. _____

5. _____

C. El jefe manda. Vuelva a expresar las instrucciones que le da su jefe usando los pronombres de objeto directo e indirecto.

> *Ejemplo:* Lea el folleto.
>
> Léalo.

1. Reserve un cuarto para Alicia.
2. Traiga el equipaje (a nosotros).
3. Dé el pasaporte (a mí).
4. No dé la cuenta (a ella).
5. No quite las toallas de mi cuarto.

Escribamos

Su colega no viaja mucho. Por eso no sabe cómo llegar al hotel desde el aeropuerto ni lo que debe hacer después de llegar al hotel. Use los mandatos formales para explicarle cómo llegar y lo que debe decirle al recepcionista del hotel.

Paso 3

Empecemos

Presentar una queja

Alicia habla por teléfono con el conserje sobre unos problemas que ha tenido durante su viaje.

Alicia: Buenos días, señor. Tal vez me puede ayudar con unas quejas.

Conserje: Haré todo lo posible, señora. ¿En qué puedo servirle?

Alicia: Tengo dos problemas con mi cuarto. Primero, la criada no vino hoy y por eso no hay jabón, toallas ni papel higiénico.

Conserje: Puedo llamar al gerente de los servicios del cuarto para que envíe a la criada inmediatamente, señora.

Alicia: Gracias. También tengo problemas con el lavabo. Está atascado. ¿Puede Ud. llamar al encargado del servicio de mantenimiento?

Conserje: Claro. ¿Es todo, señora?

Alicia: Pues, no. El coche que alquilé está golpeando y fallando. Creo que se calienta demasiado. Lo necesito porque tengo que ir al otro lado de la ciudad para una reunión a las tres.

Conserje: No se preocupe, señora. Llamaré a la agencia para que remolquen el coche y le den otro.

Alicia: Pero, ¿el hotel no tiene limusina para llevarme a la reunión?

Conserje: No, señora, lo siento pero le llamaré un taxi para que llegue a tiempo a su reunión. Y cuando regrese, todos los problemas en su cuarto estarán solucionados.

Alicia: Muchas gracias. Así lo espero.

Conserje: No hay de qué. Eficiencia y amabilidad son nuestros objetivos principales.

Preguntas

1. Describa unos problemas con el hotel o el transporte que puedan surgir durante un viaje.
2. Cuando hay problemas durante un viaje, ¿quién nos puede ayudar? ¿Cómo?
3. ¿Qué problema tiene Alicia con el cuarto?
4. ¿Qué problema tiene Alicia en el baño?
5. ¿Qué problema tiene Alicia con su coche?
6. ¿Qué ofrece hacer el conserje en cada caso?
7. ¿Por qué quiere hacer todo lo posible para resolver los problemas el conserje?
8. ¿Le parece a Ud. que estos problemas son típicos en un hotel de lujo? ¿Ud. los toleraría? Explique.

Charlemos un poco

A. **¿Dónde ocurrió?** Escuche mientras su profesor/a describe varios problemas. En cada caso decida si el problema ocurrió en el aeropuerto, en el coche o en el hotel.

 Ejemplo: Llegué tarde y perdí mi vuelo.

 Ocurrío en el aeropuerto.

1. _____
2. _____
3. _____
4. _____
5. _____
6. _____
7. _____
8. _____
9. _____
10. _____

B. Más problemas. ¿Con qué empleado habla y qué le dice Ud. en cada caso?

1. No hay perchas.
2. La criada no cambió las sábanas.
3. Solamente hay asientos en la ventanilla y Ud. necesita un asiento en el pasillo.
4. Ud. pagó por billetes de primera clase pero sus asientos están en la clase turística.
5. Ud. alquiló un coche durante su viaje y tuvo un accidente.

C. Dibujos. Describa lo que pasa en los dibujos siguientes.

Entrevista

👤👤 Ud. habla con un/a colega que acaba de regresar de un viaje que resultó ser un desastre. Nada salió como esperaba. Pídale consejos para que no le ocurra lo mismo a Ud. algún día.

Primera etapa: Escriba por lo menos cinco preguntas que puede usar para obtener información sobre el viaje. Puede pedir información sobre el avión, el hotel, etc. Por ejemplo, ¿Cómo puedo evitar llegar tarde al aeropuerto?

Segunda etapa: Use las preguntas para entrevistar a un/a compañero/a de clase. Su compañero/a debe responderle usando mandatos. Anote sus respuestas.

Tercera etapa: Escriba un párrafo que resume todos los consejos que le dio su colega. Use mandatos. Puede seguir este modelo.

Para que su viaje no sea un desastre, en el aeropuerto _____ .

En el avión _____ . En el hotel _____ . Y en la habitación

_____ .

Cuarta etapa: Preséntele esta información a la clase.

Situaciones

👤👤👤 En grupos de dos o tres compañeros de clase, representen una de las situaciones siguientes. Usen el vocabulario de este capítulo.

1. Ud. no sabe cómo y dónde cambiar dinero. Pregúntele al/a la recepcionista lo que debe hacer.
2. Ud. llega a la aduana y tiene que hacer una declaración. Hable con el/la agente.
3. Su vuelo llegó con retraso y por eso perdió su conexión. Hable con el/la agente en el mostrador para resolver el problema.

Repaso de gramática

Negation

A. To make a negative statement, simply put **no** in front of the verb.

Yo vuelo a Madrid.	*I fly to Madrid.*
Yo no vuelo a Madrid.	*I don't fly to Madrid.*

B. When answering a question negatively, **no** is usually repeated.

> **¿Vuela a Madrid?**   *Do you fly to Madrid?*
> **No, no vuelo a Madrid.**   *No, I don't fly to Madrid.*

C. Study the following list of negative or indefinite words and their affirmative counterparts.

nunca, jamás	siempre	*never/always*
nada	algo	*nothing/something*
nadie	alguien	*no one/someone*
ni... ni	o... o	*neither . . . nor/either . . . or*
tampoco	también	*neither/also*
ningún/ninguno/a	algún/alguno(s)/a(s)	*none/some*

When using these words, you may use the negative word first in the sentence:

> **Nadie va a volar a Madrid.**   *No one is going to fly to Madrid.*
> **Tampoco quiero ir.**   *I don't want to go either.*

Or use the double negative (i.e., **no** and the negative word).

> **No** va a volar **nadie** a Madrid.
> **No** quiero ir **tampoco**.

Ejercicios

A. ¡Qué insistente! Conteste negativamente las preguntas que le hace su compañero de viaje.

1. ¿Alguien tiene reservas para ir a Sevilla?
2. ¿Hay algún hotel cerca del aeropuerto?
3. ¿Cuándo va a la estación del tren?
4. ¿Quiere Ud. vino o cerveza?
5. ¿Va Ud. a hacer reservas en ese hotel?

B. Quejas. Complete los comentarios que le hace su compañero de viaje con la palabra apropiada.

1. _____ he oído tantas quejas.
2. No hay _____ en el grupo que recuerde el número de la habitación.
3. _____ tenemos vacaciones porque trabajamos demasiado.
4. No tengo _____ que hacer hoy en la oficina.
5. No voy a Cádiz _____ a Málaga. Tengo que ir a Pamplona.

C. Traducciones. Traduzca las frases siguientes.

1. No one wants any problems during their trip.
2. We never go anywhere.
3. They don't want anything either.
4. Neither the plane nor the train arrives on time.
5. I don't like anything or anyone.

Escribamos

Su experiencia como huésped en un hotel lujoso de Madrid fue un desastre. Escríbale una carta al gerente del hotel detallando todos los problemas. También, use los mandatos formales para ofrecer algunas sugerencias para mejorar los servicios.

Una vez más

Antes de leer

1. Lea el título del artículo. ¿Puede Ud. explicar qué es un "hotel de carretera"?
2. Busque las palabras siguientes en el artículo y lea rápidamente la sección del artículo pertinente a la palabra. Después, escriba una definición en español de la palabra sin usar el diccionario.

   a. marca _____

   b. dotado _____

   c. superar _____
3. Lea el artículo rápidamente sin buscar palabras en el diccionario. En una o dos frases, dé un resumen de la idea general del artículo.

A leer

Lea el artículo con más cuidado y conteste las preguntas siguientes.

Un nuevo tipo de hotel en España: el hotel de carretera

Hasta ahora, había en España hoteles con servicio completo o pensiones y hostales. Pero ahora, debido en parte a la influencia de países extranjeros, hay otra opción: hoteles de carretera. Los hoteles de carretera son hoteles con servicio limitado y atraen hoy a los automovilistas mediante una simplificación de sus operaciones y la economía de costes. Son edificios prefabricados en serie, con entre 20 y 50 habitaciones, sencillas e idénticas entre sí, equipadas, por lo general, con una cama de matrimonio, dos camas o literas, silla, mesa, un pequeño televisor y un cuarto de baño con ducha, dotado, en algunos casos, de un sistema de limpieza automático.

Apenas tres empleados se ocupan del servicio, pues en horario nocturno el acceso al hotel se realiza mediante un cajero electrónico donde el huésped paga con su tarjeta de crédito y recibe una clave numérica para entrar en la habitación. La restauración fuera de horas suele quedar cubierta por máquinas de autoservicio.

Algunas marcas hoteleras de Europa pioneras en el hospedaje de carretera —como Best Western, Formule 1, Campanile, Ibis, Première Classe y Nuits d'Hôtel— quieren establecer una presencia en España. El grupo hotelero francés Bajen, propietario de Fast Hoteles, va a construir 50 hoteles en asociación con la empresa española Sagas y bajo la enseña de Quick Palace. El primero ya funciona en Huesca y los siguientes abrirán cerca de Toledo, Murcia, Burgos y Barcelona. Otro grupo francés, Accor, está introduciendo sus hoteles, los Formule 1. El primero abrió hace pocos meses en Mollet del Vallés (Barcelona) y el más reciente ha abierto sus puertas en Getafe (Madrid), junto a la N-V. Tienen previsto iniciar su actividad este año en Alicante, Llieda y de nuevo en Madrid.

En Francia, la ocupación media de estos hoteles no es inferior al 80% y supera este porcentaje durante los fines de semana. Las compañías hoteleras esperan tener este mismo éxito en España.

Preguntas

1. ¿Qué cadenas europeas van a abrir nuevos hoteles en España? ¿Dónde?
2. ¿Qué tipo de hoteles son? ¿Qué cadena norteamericana es parecida?
3. Describa los servicios que ofrecen.
4. ¿Cuáles son las ventajas y desventajas de este tipo de hotel?
5. ¿Tiene éxito este tipo de hotel según el artículo?

Discusión

👥 Hable con un/a compañero/a de clase sobre sus experiencias en hoteles de carretera y hoteles de lujo.

La carta de negocios

Lea la carta siguiente y úsela como ejemplo para escribir una carta parecida pidiendo a un agente de viajes reservas para billetes de avión y de tren. Use el vocabulario de este capítulo y el vocabulario asociado con las cartas comerciales que ya sabe.

Muy estimados señores:

Les agradeceríamos que nos reserven un cuarto doble con cama matrimonial y baño privado desde el 23 de septiembre hasta el 30 de septiembre.

Llegamos en el vuelo número 325 de Iberia a las 22:25 horas, por lo cual les rogamos que mantengan la reserva aunque llegaremos muy tarde. Sírvanse cobrar el depósito a nuestra tarjeta de crédito:

Americard: 2222 3333 4444 5555
Fecha de caducidad: 04/03
Titular: Alicia Hernández

Agradecemos de antemano su atención. A la espera de su confirmación, le saludan atentamente,

Alicia y Geraldo Hernández

Alicia y Geraldo Hernández

Panorama cultural

En Sevilla, otra ciudad importante de España, la Giralda es uno de los monumentos históricos más famosos. ¿Puede Ud. nombrar y describir otros monumentos históricos en países hispanohablantes?

El tren es el método de transportación más utilizado en España. Aquí un grupo de viajeros esperan abordar su tren en Atocha, una de las tres estaciones centrales de Madrid.

Lea la lectura y haga las actividades siguientes.

La Unión Europea

La Unión Europea (UE) empezó a funcionar en 1993 y los estados miembros son Alemania, Austria, Bélgica, Dinamarca, España, Finlandia, Francia, Grecia, Holanda, Inglaterra, Irlanda, Italia, Luxemburgo, Portugal y Suecia. Los tratados fundadores firmados en 1957 se han revisado tres veces: en 1987 (Acta Única), en 1992 (Tratado de la Unión Europea) y en 1997 (el proyecto del Tratado de Amsterdam). Éste les garantiza a los ciudadanos de la UE ciertos derechos personales y políticos tales como la prohibición de discriminación por razones de sexo, raza, origen étnico, religión, creencias, discapacidad, edad u orientación sexual; la prohibición de la pena de muerte, y la protección de datos personales. Además los ciudadanos de la UE pueden estudiar, trabajar, viajar y jubilarse libremente dentro de los estados miembros. Cada país usa el pasaporte de la UE.

Las metas corrientes de la UE son: la ampliación de los estados miembros para incluir más países europeos y países asiáticos, y la implementación del euro, una moneda común para todos los estados miembros.

A pesar de las oportunidades económicas que ofrece la UE, su política presenta algunos obstáculos. Por ejemplo, España perdió ganacias asociadas con la exportación de verduras, frutas, vino, champaña y aceite de oliva al asociarse con la UE porque ahora compite con productos de otros países.

Actividades

Use el Internet para buscar información sobre los temas siguientes.

1. ¿Puede encontrar copias de los tratados mencionados en el artículo? ¿Qué otros derechos tienen los ciudadanos de la UE? Para encontrar esta información, use un buscador en español y palabras clave como "El Tratado de la Unión Europea" o "El Tratado de Amsterdam".
2. ¿Puede encontrar comentarios o análisis sobre la UE? ¿Qué dicen? Para encontrar esta información, use un buscador en español y palabras clave como "La Unión Europea y análisis" o "La Unión Europea y opinión pública".
3. ¿Qué información puede encontrar en el Internet sobre el turismo, el transporte, los hoteles y los lugares turísticos de los varios países hispanohablantes? Para encontrar esta información, use un buscador en español y palabras clave como "España y turismo", "Madrid y hoteles" o "Barcelona y trenes".

Vocabulario

En el aeropuerto y el avión

el billete, el boleto, el pasaje	*ticket*	con destino a	*with destination to*
		sin escala	*nonstop, direct*
el equipaje	*luggage*	la demora	*delay*
el equipaje de mano	*carry-on luggage*	con retraso	*delayed*
las maletas	*bags*	el/la pasajero/a	*passenger*
el maletín	*briefcase*	el pasaporte	*passport*
la salida	*exit; departure*	disponible	*available*
la llegada	*arrival*	el asiento	*seat*
procedente de	*coming from*	completo, lleno	*full*

el horario	schedule
la sala de espera	waiting room
el aeropuerto	airport
el/la agente	agent
la línea aérea	airline
la tarjeta de embarque	boarding pass
el mostrador	ticket counter
el avión	airplane
el vuelo	flight
la puerta	gate
el control de seguridad	security gate
la presión de aire	air pressure
el mareo	air sickness
la bolsa para el mareo	air sickness bag
el pasillo	aisle
la ventanilla	window
la altura	height
la cabina	cabin
el ala	wing
la cabina del piloto	cockpit
la tripulación	flight crew
el/la asistente de vuelo, el/la aeromozo/a, la azafata	flight attendant
el/la piloto	pilot
la salida de seguridad	emergency exit
en caso de	in case of
el cinturón de seguridad	seatbelt
la máscara de oxígeno	oxygen mask
el respaldo del asiento	seatback
el chaleco salvavidas	life preserver
el compartimiento sobre la cabeza/debajo del asiento	overhead/under the seat compartment
la turbulencia	turbulence
el despegue	takeoff
el aterrizaje	landing

volar	to fly
aterrizar	to land
despegar	to take off
brincar	to shake
abrocharse	to fasten
caber	to fit
abordar	to board
facturar	to check
reclamar	to claim

En el tren

el tren	train
la estación del tren	train station
el vagón, el coche	car
el compartimiento	compartment
el coche comedor	dining car
el coche cama	sleeping car
las vías	tracks
el andén	platform
el mozo	bellhop
el revisor/cobrador/ recogedor de billetes, el conductor	conductor
subir	to climb up

En la aduana

la aduana	customs, border check
la declaración de la aduana	customs form
el impuesto	duty
el control de pasaportes	passport control
la tarjeta de turismo	tourist card
el visado, la visa	tourist visa
de negocios	on business
de paso	in passing
de turismo	on vacation
declarar	to declare
abrir	to open

El coche

el coche, el carro	car
la batería	battery
el freno	brake
el acelerador	accelerator pedal
el embrague, el cloche	clutch
la palanca	gear shift
la primera velocidad	first gear
el tablero de instrumentos	instrument panel
las intermitentes	turn signals
los faros	headlights
el volante	steering wheel
la transmisión	transmission
el parabrisas	windshield
el limpiaparabrisas	windshield wiper
la llanta, la goma, el neumático	tire
el motor	engine
el tanque	gas tank
el parachoques, el paragolpes	bumper
el guardafango, el guardabarro	fender
el baúl, el maletero	trunk
la guantera	glovebox
alquilar	to rent
por día/semana	for a day/week
el seguro	insurance
estar golpeando goteando fallando vibrando	to be knocking dripping stalling vibrating
calentar demasiado	to overheat
calarse, morir	to die
reparar	to repair
revisar	to check
remolcar	to tow
arrancar	to start
parar	to stop
funcionar	to work

En el hotel

la reservación, la reserva	reservation
la recepción	reception
la habitación	room
el cuarto sencillo/doble	single/double room
la cama matrimonial	double bed
la cama individual	single bed
el baño privado	private bath
la llave	key
el servicio de cuarto	room service
el servicio de lavado	laundry service
la pensión completa	full board
el botones	bellhop
la criada	maid
el portero	doorman
el/la recepcionista	receptionist
el/la huésped	guest
estar fundido atascado	to be burned out plugged up
no hay jabón mantas, frazadas, frisas agua caliente perchas almohadas papel higiénico toallas	there is no soap blankets hot water hangers pillows toilet paper towels
no funciona la calefacción el aire acondicionado	the heater does not work air conditioning

CAPÍTULO 3

La entrevista

Anticipemos

¿Qué hay que hacer para solicitar puestos profesionales?

¿Qué se debe incluir en un currículum vitae en los Estados Unidos y el Canadá? ¿Qué no se debe incluir? ¿Es esta información diferente en otros países?

¿Qué se debe y no se debe hacer durante una entrevista?

¿Cómo es el puesto profesional ideal para Ud.? ¿Qué espera? ¿Qué teme?

Antes de empezar el capítulo, repase el vocabulario al final del capítulo.

Paso 1

Empecemos

Anuncios

Lea los anuncios siguientes y conteste las preguntas.

Director de Marketing – España	**Supervisores Técnicos**	**Director de Cuentas/Hotel Estrella**
Esta función conlleva la responsabilidad de las acciones de marketing, ampliación de los canales de distribución y desarrollo de la nueva campaña publicitaria.	**Resposabilidades:** Supervisión de entre 10 y 20 técnicos, entrenamiento de nuevos empleados, diseño y supervisión de proyectos	**Se requiere:** Edad de 30–40 años Experiencia demostrada en captación y gestación de empresas, convenciones, viajes
El candidato ideal tiene título universitario en Marketing y cinco años de experiencia en este campo. Preferimos experiencia en el sector de la moda. Dominio de las lenguas español e inglés es imprescindible y se valora el conocimiento de la lengua italiana.	**Buscamos:** Profesionales con cinco años de experiencia en gerencia	Se valorarán conocimiento del programa Estadus
	Certificación profesional con PC's, Windows, el sistema operativo Windows NT, y/o el Internet	Persona dinámica, adaptable y con buenas habilidades sociales
Invitamos a los interesados a enviar currículum vitae, carta y cartas de referencia por e-mail a es156@msa.com o por FAX al 457 22 56.	Profesionales acostumbrados a trabajar bajo presión y a planificar proyectos a corto plazo	**Funciones:** Se responsabilizará de la gestación del Departamento de Grandes Cuentas
	Ofrecemos: Plan médico Bonificaciones	**Se ofrece:** Incorporación en G.V.I. grupo turístico
		Salario a convenir según valía del candidato

Preguntas

1. Describa los puestos disponibles, según los anuncios.
2. ¿Qué son los requisitos para cada puesto?
3. ¿Cuáles son unos requisitos mencionados en los anuncios que son diferentes de los requisitos típicos en los Estados Unidos y el Canadá?
4. Describa los beneficios ofrecidos por las distintas compañías.
5. ¿Qué tiene que hacer para solicitar los puestos en los anuncios?

Charlemos un poco

A. **¿A qué profesión se refiere?** Escuche mientras el/la profesor/a describe varias profesiones y luego indique de qué profesión habla en cada caso. ¡Cuidado! Es posible que exista más de una respuesta.

1. _____   4. _____

2. _____   5. _____

3. _____

B. **Definiciones.** Describa en dos o tres oraciones las profesiones siguientes. Use el vocabulario de este capítulo y el vocabulario que ya sabe. Incluya información sobre las responsabilidades de las personas en estas profesiones y descripciones de las habilidades, aptitudes y cualidades necesarias.

1. el/la tenedor/a de libros   4. el/la abastecedor/a
2. el/la inversionista   5. el/la agente de publicidad
3. el/la detallista

C. **Dibujos.** Identifique a estos profesionales. ¿Qué hacen en estos trabajos?

Entrevista

👤👤 Ahora que Alicia está en Madrid y está lista para entrevistar, tiene que escribir los anuncios para los puestos. Al empezar, se da cuenta de que necesita más información específica sobre los requisitos de los puestos. Decide hablar con los empleados que ya trabajan en la compañía para averiguar lo que hacen.

Primera etapa: Escriba por lo menos cinco preguntas que Alicia puede usar. Ella necesita información sobre:

el horario típico	las cualidades personales necesarias
las responsabilidades	las aptitudes necesarias

Segunda etapa: Use las preguntas para entrevistar a un/a compañero/a de clase. Anote sus respuestas.

Tercera etapa: Escriba un párrafo que resume toda la información que obtuvo durante la entrevista. Puede seguir este modelo.

Para ser _____ hay que saber _____ , _____ y _____ . También es importante ser _____ y _____ . Las personas que trabajan en este puesto ___(verbo)___ , _____ y _____ cada día. Trabajan entre las _____ y las _____ .

Cuarta etapa: Preséntele esta información a la clase.

Situaciones

👤👤👤 En grupos de dos o tres compañeros de clase, representen una de las situaciones siguientes. Usen el vocabulario de este capítulo.

1. Ud. habla con el/la agente de anuncios clasificados para poner un anuncio en el periódico para un/a secretario/a bilingüe.
2. Dos amigos hablan. La primera persona tiene un puesto nuevo y la otra busca trabajo. La primera persona sabe que todavía hay una vacante en su nueva compañía.
3. Ud. acaba de graduarse y tiene una entrevista, pero está muy nervioso/a porque no está seguro/a de que esté capacitado/a para el puesto. Su amigo/a trata de convencerle de que es el trabajo perfecto para Ud.

Repaso de gramática

The Preterite vs the Imperfect

Conjugation

A. The regular preterite is conjugated in the following manner.

-ar verbs		-er/-ir verbs	
yo habl**é**	nosotros/as habl**amos**	yo com**í**	nosotros/as com**imos**
tú habl**aste**	vosotros/as habl**asteis**	tú com**iste**	vosotros/as com**isteis**
él/ella/Ud. habl**ó**	ellos/ellas/Uds. habl**aron**	él/ella/Ud. com**ió**	ellos/ellas/Uds. com**ieron**

B. Several verbs are irregular in the preterite. The following verbs have irregular stems, which are indicated in the middle column, and irregular endings, which are indicated in the right column. Only these verbs use these irregular endings.

Verb	Irregular stem	Irregular endings
andar	anduv	
tener	tuv	
estar	estuv	**e**
poder	pud	**iste**
poner	pus	**o**
saber	sup	**imos**
venir	vin	**isteis**
querer	quis	**ieron** (**eron** after
hacer	hic(z)*	stems ending in **j**)
decir	dij	
traer	traj	
deducir	deduj	

Note that all verbs ending in **-ucir** follow the pattern of **deducir: conduje, produjiste,** etc.

C. Other irregular verbs in the preterite include the following. Note that **ir** and **ser** have the same forms. Context will clarify which verb is used.

dar	
yo di	nosotros/as dimos
tú diste	vosotros/as disteis
él/ella/Ud. dio	ellos/ellas/Uds. dieron

*Before **o**, **c** becomes **z**.

ir/ser		ver	
yo fui	nosotros/as fuimos	yo vi	nosotros/as vimos
tú fuiste	vosotros/as fuisteis	tú viste	vosotros/as visteis
él/ella/Ud. fue	ellos/ellas/Uds. fueron	él/ella/Ud. vio	ellos/ellas/Uds. vieron

D. Verbs ending in **–ir** that have a stem change in the present will also change **o** to **u** and **e** to **i** only in the third person forms of the preterite.

dormir		pedir	
yo dormí	nosotros/as dormimos	yo pedí	nosotros/as pedimos
tú dormiste	vosotros/as dormisteis	tú pediste	vosotros/as pedisteis
él/ella/Ud. d**u**rmio	ellos/ellas/Uds. d**u**rmieron	él/ella/Ud. p**i**dió	ellos/ellas/Uds. p**i**dieron

E. Verbs such as **leer, oír, construir,** and **creer** whose stem ends in a vowel change **i** to **y** in the endings of the third person singular and plural: **leyó, oyó, construyeron, creyeron.**

F. Additionally, verbs ending in **–car, -gar,** and **–zar** have a spelling change in the first person singular.

-car	**c** to **qu**	toqué, saqué
-gar	**g** to **gu**	pagué, llegué
-zar	**z** to **c**	comencé, realicé

G. Regular verbs are conjugated in the imperfect as follows.

-ar verbs		-er/-ir verbs	
yo habl**aba**	nosotros/as habl**ábamos**	yo com**ía**	nosotros/as com**íamos**
tú habl**abas**	vosotros/as habl**abais**	tú com**ías**	vosotros/as com**íais**
él/ella/Ud. habl**aba**	ellos/ellas/Uds. habl**aban**	él/ella/Ud. com**ía**	ellos/ellas/Uds. com**ían**

H. There are only three irregular verbs in the imperfect. There is no stem changing in the imperfect.

ser	
yo era	nosotros/as éramos
tú eras	vosotros/as erais
él/ella/Ud. era	ellos/ellas/Uds. eran

ir		ver	
yo iba	nosotros/as íbamos	yo veía	nosotros/as veíamos
tú ibas	vosotros/as ibais	tú veías	vosotros/as veíais
él/ella/Ud. iba	ellos/ellas/Uds. iban	él/ella/Ud. veía	ellos/ellas/Uds. veían

Uses

Here is a summary of the uses of the preterite and the imperfect. These are guidelines. Their use is determined by the meaning the speaker wishes to convey.

Preterite	Imperfect
1. Describes actions completed in the past.	1. Describes habitual or ongoing actions in the past.
• Fui a la oficina ayer. *I went to the office yesterday.*	• Siempre iba a la oficina los lunes. *I always used to go to the office on Mondays.*
2. Narrates a series of actions in a story.	2. Sets the stage/background in a story or gives a description in a story.
• Llegó, leyó las cartas y las respondió. *He arrived, read his letters, and answered them.*	• La oficina era pequeña y oscura. *The office was small and dark.*
3. Relates events at a specified time.	3. Used to tell time, weather, and age.
• El martes trabajó ocho horas. *She worked eight hours on Tuesday.*	• Cuando tenía veinte años, trabajaba más. *When I was twenty, I used to work more.*
• Salió a las dos. *She left at two.*	• Eran las dos cuando salió. *It was two when she left.*
• Ayer llovió. (a statement of fact) *It rained yesterday.*	• Llovía mientras trabajaba. (a description of simultaneous past actions) *It was raining while I was working.*

4. To narrate what interrupted a routine.

- Trabajaba cuando el jefe entró en mi oficina.
  I was working when the boss came into my office.

4. To refer to intentions or mental and emotional states in the past.

- Iba a llamarte, pero no sabía si estabas enojada conmigo.
  I was going to call you, but I didn't know if you were mad at me.

In general, when narrating a story, the imperfect is used to set the scene and the preterite is used to describe the action.

Ejercicios

A. **El pasado y el presente.** Las secretarias de los años 50 y las secretarias de hoy en día tienen trabajos muy diferentes. Según las sugerencias siguientes, ¿cuáles son algunas de estas diferencias? Use el imperfecto para los años 50 y el presente para la actualidad.

> *Ejemplo:* escribir a máquina/en ordenador portátil
>
> Antes las secretarias escribían a máquina pero ahora escriben en ordenador portátil.

1. tomar notas en taquigrafía/computadora
2. recibir cartas/correo electrónico
3. dejar mensajes en contestadores automáticos/correo auditivo
4. mandar un telex/fax
5. sacar copias con papel carbón/fotocopiador

B. **Descripciones.** Describa lo que hizo Alicia cuando puso los anuncios clasificados. Incluya cada detalle del proceso que pueda imaginar. Use el pretérito de los verbos de la lista a continuación.

> hablar con el agente de anuncios
> anotar los requisitos y otra información para los anuncios
> pedir el precio de los anuncios
> buscar el número de teléfono
> marcar el número de teléfono
> dictar la información necesaria

1. Primero...
2. Luego..., etc.

C. **Más descripciones.** Con un/a compañero/a de clase escriba una narración para describir lo que hizo Alicia ayer. Incluya información sobre el ambiente en la oficina y sus actividades. Usen la imaginación.

Escribamos

Imagine que ha leído uno de los anuncios que Alicia puso en el periódico y quiere solicitar el puesto. Escriba una carta para enviar con su CV (currículum vitae) describiendo su experiencia, etc. Incluya información sobre lo que hizo en su último puesto.

Paso 2

Empecemos

Una entrevista con un candidato

Hablan Alicia y Juan Iriarte, un aspirante para el puesto de gerente de empresa.

Alicia: Buenos días, Sr. Iriarte. Tome asiento, por favor.

Juan: Gracias, Sra. Hernández.

Alicia: Quisiera hacerle algunas preguntas sobre las responsabilidades en su último empleo. Por ejemplo, ¿cuánto tiempo trabajó Ud. con la compañía Madeira?

Juan: Por seis años. Antes de ascender al puesto de gerente, fui director del departamento de mercadeo por dos años en la misma compañía.

Alicia: ¿En qué consistía su trabajo como gerente específicamente?

Juan: Yo era responsable de la producción laboral de todos los departamentos de la sucursal en Madrid. Además, dirigía las reuniones locales, mantenía contacto con varios clientes extranjeros y supervisaba nuestro programa de entrenamiento administrativo.

Alicia: Bien. En su opinión, ¿qué habilidades hacen triunfar a un gerente de empresa?

Juan: Bueno, en primer lugar, la habilidad de comunicar ideas e impartir órdenes directas y claras es esencial. También, pienso que es importante respetar tanto a los empleados como a los clientes, ya que el respeto mutuo es la base del profesionalismo.

Alicia: Estoy de acuerdo. Ahora, ¿por qué renunció Ud. a su empleo?

Juan: Me gustaba mucho mi trabajo pero no ofrecía ciertos beneficios comunes a un gerente típico. Aunque la compañía crecía, aún era bastante pequeña y no podía ofrecerme más de dos semanas de vacaciones, bonos o un buen plan de retiro.

Alicia sigue entrevistando al Sr. Iriarte. Después de media hora más, la entrevista termina.

Alicia: Sr. Iriarte, ha sido un placer hablar con Ud. Tendremos una respuesta con respecto al trabajo para la próxima semana. Mientras tanto, puede mantenerse en contacto con nuestra oficina si tiene alguna pregunta.

Juan: Gracias por recibirme, Sra. Hernández. Para mí sería un honor trabajar para su compañía. Estaremos en contacto. Hasta luego.

Alicia: Adiós, Sr. Iriarte.

Preguntas

1. ¿Cuáles son unas preguntas típicas que se hacen en una entrevista?
2. ¿Cuáles son las emociones que las personas nomalmente se sienten durante una entrevista? ¿Por qué?
3. ¿Qué puestos ha tenido el Sr. Iriarte con la compañía Madeira?
4. ¿Qué responsabilidades tenía?
5. Según él, ¿cuáles son las características de un buen gerente?
6. ¿Está Ud. de acuerdo con las cualidades de un gerente exitoso que el Sr. Iriarte menciona? ¿Qué añadiría Ud.?
7. ¿Por qué renunció a su trabajo?
8. ¿Cuándo sabrá el Sr. Iriarte si ha conseguido el puesto?

Charlemos un poco

A. Descripciones. Escuche mientras el/la profesor/a lee unas descripciones de cinco entrevistas. Después decida si las entrevistas salieron bien o no y explique por qué.

1. Sí   No   Porque _____

2. Sí   No   Porque _____

3. Sí   No   Porque _____

4. Sí   No   Porque _____

5. Sí   No   Porque _____

B. Asociaciones. Para cada verbo a continuación dé el sustantivo asociado. Luego, use el sustantivo en una frase que demuestre que entiende el significado de estas palabras.

1. entrevistar
2. solicitar
3. ascender
4. referir
5. anunciar

6. aspirar
7. emplear
8. competir
9. ofrecer
10. jubilarse

C. Solicitamos su opinión. En parejas, háganse estas preguntas.

1. ¿Cómo se prepara para una entrevista?
2. En su opinión, ¿es la apariencia física muy importante durante una entrevista?
3. ¿Hay cosas que no se hacen o no se dicen durante una entrevista?
4. Muchas personas creen que es normal y aceptable exagerar un poco la experiencia y otras cualidades que tienen. ¿Qué opina Ud.?
5. ¿Cuál es más importante, el título universitario o la experiencia? ¿Por qué?

Entrevista

Alicia ya tiene una multitud de aspirantes para los puestos que anunció en el periódico. Ahora, tiene que entrevistarlos. Con un compañero/a, hagan los papeles de Alicia y uno de los aspirantes.

Primera etapa: Escriban por lo menos cinco preguntas que va a usar Alicia. Incluyan los temas siguientes.

aptitudes y habilidades	experiencia	título universitario
sueldo	prestaciones	lenguas que habla

Segunda etapa: El/La aspirante también debe hacer preguntas. Escriban por lo menos cinco preguntas para el aspirante. Incluyan los temas siguientes.

ambiente en la oficina	ascensos	prestaciones
posibilidad de capacitación	sueldo	vacaciones

Tercera etapa: Realicen la entrevista. Anoten sus respuestas.

Cuarta etapa: Escriban un párrafo que resume toda la información que Uds. aprendieron durante la entrevista.

Quinta etapa: Preséntenle esta información a la clase.

Situaciones

👥👥 En grupos de dos o tres compañeros de clase, representen una de las situaciones siguientes. Usen el vocabulario de este capítulo.

1. Ud. hizo una entrevista con un aspirante para el puesto de gerente y cuando el aspirante llegó, llevaba una camiseta y pantalones cortos. Fumó durante toda la entrevista. Ahora, habla con otro/a empleado/a sobre la entrevista.
2. Ud. tuvo una entrevista importante con una compañía y quiere el puesto. El problema es que la entrevista fue un desastre total. Ahora cuéntele a un/a amigo/a sobre lo que pasó.
3. Ud. habla con su amigo/a que va a hacer su primera entrevista mañana. Describa la primera entrevista que hizo Ud. para darle un buen ejemplo de lo que debe hacer.

Repaso de gramática

Additional Practice on the Preterite and the Imperfect

Review the uses and forms of both the preterite and the imperfect, found in **Paso 1** of this chapter.

Ejercicios

A. Una entrevista exitosa. Complete el párrafo con la forma apropiada del verbo entre paréntesis.

Ayer yo (1.)_____ (ir) a mi primera entrevista.

(2.)_____ (ser) a las dos de la tarde. Yo (3.)_____ (estar)

muy nerviosa porque no (4.)_____ (saber) lo que ellos

(5.)_____ (ir) a preguntarme. Cuando (6.)_____ (llegar),

ellos (7.)_____ (presentarse) y nosotros (8.)_____

(sentarse). La gerente me (9.)_____ (hacer) muchas preguntas y

creo que yo las (10.)_____ (contestar) bastante bien. En general,

creo que la entrevista (11.)_____ (salir) bien.

B. El pasado y el presente. Compare lo que hacía cada persona en su último puesto con lo que hace ahora según las sugerencias siguientes. Sea creativo/a.

1. Antes era dependiente y ahora es gerente de la tienda.
2. Antes era recepcionista y ahora es supervisor/a de los oficinistas.
3. Antes era estudiante de periodismo y ahora es periodista.
4. Antes trabajaba con una empresa pequeña y ahora trabaja con una corporación.
5. Antes trabajaba en un banco y ahora es agente de bolsa.

C. Dibujos. Según los dibujos, describa las entrevistas. Incluya información sobre el ambiente general durante la entrevista, una descripción de las personas y lo que pasó. Use la imaginación.

 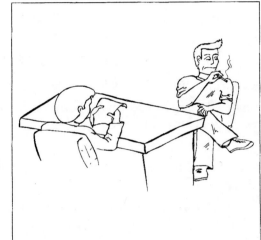

Escribamos

Ahora que Alicia ha terminado todas las entrevistas, tiene que escribir un informe para resumirlas y para recomendar uno de los aspirantes. Haga el papel de Alicia. Escriba un resumen de la entrevista que hizo en la actividad **Entrevista** o un resumen de una entrevista imaginaria. Incluya información sobre lo que pasó durante las entrevistas, la experiencia que tienen los aspirantes, sus expectativas, etc. Use el pretérito, el imperfecto y el vocabulario de este capítulo.

Paso 3

Empecemos

La oferta

Después de considerar todos los aspirantes, Alicia decide emplear a Juan Iriarte. Ahora tienen que hablar de los detalles.

Alicia: Buenas tardes, Sr. Iriarte. Pase y siéntese. Como ya le informó la Srta. Peralta, consideramos que Ud. es el mejor candidato para el puesto de gerente en nuestra compañía. Por lo tanto, quisiera hablar con Ud. específicamente sobre el puesto. Antes de empezar, ¿tiene Ud. alguna pregunta?

Juan: Sí, gracias. Como ahora no trabajo, la pregunta más importante para mí es ¿cuándo puedo empezar?

Alicia: Necesitamos su ayuda lo más pronto posible. ¿Podría empezar mañana?

Juan: Con mucho gusto.

Alicia: Muy bien... Entonces le presento nuestra oferta. El contrato estará listo mañana para su firma. Podemos ofrecerle un sueldo de 50.000 euros más tres semanas de vacaciones pagadas. Además, tenemos una excelente pensión y sistema de bonificación.

Juan: ¿Qué tipo de seguro médico ofrece la compañía?

Alicia: Puede escoger entre un plan local o un plan con más opciones.

Juan: ¿Tendré oportunidades de ascenso dentro de la esfera administrativa de la compañía?

Alicia: Sí. Nuestro propósito es estimular la competencia profesional para servir mejor a nuestros clientes. La compañía ofrece un aumento de sueldo considerable por cada ascenso.

Juan: Excelente... Entonces estaré aquí mañana para firmar el contrato y hablar con los jefes del departamento.

Alicia: Perfecto. Adiós... y buena suerte.

Preguntas

1. ¿Qué hay que considerar antes de decidir de emplear uno de los aspirantes para un puesto profesional?
2. ¿Cómo se comunica esta decisión a los aspirantes normalmente?
3. ¿Qué hay que discutir con el aspirante que va a recibir la oferta?
4. En su opinión, ¿cuáles son buenos beneficios en un puesto profesional?
5. ¿Qué puesto le ofrecen al Sr. Iriarte?
6. ¿Por qué quiere saber cuándo puede empezar el Sr. Iriarte?
7. Describa la oferta de la compañía.
8. ¿Qué más necesita saber el Sr. Iriarte?
9. ¿Aceptaría Ud. la oferta?

Charlemos un poco

A. Definiciones. Escuche las definiciones que lee su profesor/a y luego identifique cada palabra que define.

Ejemplo: La persona responsable de la producción laboral.

el gerente (el jefe, el supervisor)

1. _____   4. _____
2. _____   5. _____
3. _____

B. Más definiciones. Dé una definición en español y por lo menos tres palabras asociadas con las palabras siguientes. Puede usar las frases siguientes.

Es una persona que...
Es una cosa que...
Es un lugar donde...

1. jornada completa   6. solicitud
2. referencias   7. entrenamiento
3. prestaciones   8. seguros
4. sindicato   9. sueldo
5. auxilio de cesantía   10. jubilación

C. Solicitamos su opinión. Hable con un/a compañero/a de clase sobre los temas siguientes.

1. En su opinión, ¿qué es más importante, el sueldo o las prestaciones? ¿Por qué?
2. ¿Qué prestaciones son imprescindibles?
3. Además de un buen sueldo y buenas prestaciones, ¿qué quiere Ud. que le ofrezca una compañía?
4. ¿Es mejor aceptar la primera oferta o negociarla un poco? ¿Por qué?
5. ¿Fue fácil o difícil abandonar su último puesto? ¿Por qué?

Entrevista

Ahora Alicia tiene que negociar otra oferta con el secretario que quiere emplear. Con un/a compañero/a representen el diálogo entre Alicia y el candidato.

Primera etapa: Con su compañero/a, inventen una descripción de la oferta y una serie de preguntas pertinentes.

Segunda etapa: También escriban las preguntas que tendrá el aspirante. Incluyan preguntas sobre el sueldo, las prestaciones, la pensión, los seguros, los incentivos, etc.

Tercera etapa: Realicen la entrevista. Anoten sus respuestas.

Cuarta etapa: Cada uno debe escribir un párrafo que resume toda la información que obtuvo durante la entrevista.

Quinta etapa: Preséntele esta información a la clase.

Situaciones

En grupos de dos o tres compañeros de clase, representen una de las situaciones siguientes. Usen el vocabulario de este capítulo.

1. Ud. tiene una oferta de una compañía muy interesante. En general, las prestaciones son buenas pero el sueldo es muy bajo. Hable con el/la jefe/a y trate de resolver el problema.
2. Ud. tiene una oferta con otra compañía y quiere usarla para persuadir a su jefe/a de que le dé un aumento de sueldo y un ascenso. Hable con su jefe/a sobre la situación.
3. Ud. es gerente en una compañía y acaba de hacer entrevistas. Tiene un aspirante excelente pero sabe que la compañía no puede ofrecerle suficiente dinero. Hable con su jefe/a para tratar de crear un plan de bonificaciones u otros incentivos para que el aspirante acepte la oferta.

Repaso de gramática

Additional Practice on the Preterite and the Imperfect

Review the uses and forms of both the preterite and the imperfect, found in **Paso 1** of this chapter.

Ejercicios

A. Otra entrevista exitosa. Alicia habla por teléfono con su colega sobre la oferta que le dio al secretario. Complete lo que le cuenta Alicia con la forma apropiada del verbo en el pretérito o el imperfecto.

¡Oye! La conversación con el secretario (1.) _____ (salir) muy bien. Cuando él (2.) _____ (llegar) a la oficina, yo (3.) _____ (escribir) el contrato. (4.) _____ (Ser) más o menos las 2:45 así que él (5.) _____ (venir) un poco temprano, pero uno nunca se queja de esto. ¿Recuerdas lo que te (6.) _____ (decir) de su ropa extraña? Bueno, esta vez (7.) _____ (llover), pero este hombre (8.) _____ (llevar) gafas de sol, pantalones verdes y una camiseta amarilla. Tendremos que hablar de la ropa profesional, pero ya te he dicho que su experiencia es increíble. Él (9.) _____ (trabajar) con MDP, la compañía más grande de la ciudad. Pues, nosotros (10.) _____ (hablar) del sueldo y él me (11.) _____ (pedir) un poco más de lo que yo le (12.) _____ (ofrecer) al principio... pero a fin de cuentas él (13.) _____ (aceptar) nuestra oferta original.

B. Mi primera entrevista. Use los fragmentos y otras palabras del vocabulario para escribir cinco frases completas. Use el pretérito y el imperfecto.

1. entrevista / salir / muy bien
2. durar / dos horas
3. por suerte / entrevistador / ser / amable
4. (yo) poder contestar / preguntas
5. después / entrevista / (yo) estar / alegre

C. Descripciones. Escriba un párrafo para describir el sueldo, las bonificaciones y el ambiente que tuvo Ud. en su último puesto.

Escribamos

Escriba un informe oficial para su compañía para describir los resultados finales de la búsqueda de empleados nuevos. Incluya información sobre los anuncios, las entrevistas, las ofertas, etc. Use el pretérito y el imperfecto.

Una vez más

Antes de leer

1. El título emplea un juego de palabras con la abreviatura ETT y el subtítulo "Esclavos de trabajo temporal". ¿Puede explicar el juego de palabras?
2. Busque las palabras siguientes en el artículo y lea rápidamente la sección del artículo pertinente a cada palabra. Después, escriba un sinónimo que se puede sustituir por la palabra.
   a. alzado
   b. sometido
   c. gozar
3. Lea todo el artículo rápidamente. ¿Cómo es el tono del artículo?

A leer

Lea el artículo con más cuidado y conteste las preguntas siguientes.

Empleados de las ETT:
Esclavos del trabajo temporal

Es muy común entrar a las doce de la noche y salir a las seis de la mañana. También es posible que no se cobre complemento de nocturnidad ni cualquier otro pago extra, ni siquiera si es festivo o si no se puede ir al trabajo por estar enfermo. Peor es que ni se asiste la incapacidad temporal en caso de accidente laboral. Así es la vida de un empleado de las empresas de trabajo temporal (ETT).

En otros aspectos, las condiciones también eran poco ventajosas. Por ejemplo, si la empresa cliente es una cadena con muchas sucursales, puede que se envíe cada día a una sucursal diferente en cualquier parte de la ciudad. Está sometido a una movilidad total. Eso puede ocurrir porque no existe representación sindical de los trabajadores.

Por eso, las ETT no gozan de gran popularidad. Muchos sectores sociales han alzado su voz contra ellas. Los sindicatos, según los casos, exigen una regularización y control estricto del sector o directamente su desaparición. Los partidos políticos se han puesto de acuerdo hace unas semanas en el Parlamento para proceder a la reforma de la Ley 14/94 que establece la normativa de funcionamiento de las empresas de trabajo temporal.

Preguntas

1. ¿Qué significa la abreviatura ETT? Explique el juego de palabras del título del artículo.
2. Nombre cuatro desventajas del trabajo temporal.
3. ¿Por qué algunas personas tienen trabajo temporal si hay tantas desventajas?
4. ¿Quiénes se oponen al trabajo temporal?
5. Describa los cambios que quieren estos grupos.

Discusión

👤👤 Con un/a compañero/a de clase, considere lo siguiente: ¿Es el trabajo temporal un problema en los Estados Unidos y el Canadá también? ¿Tienen las personas en los Estados Unidos y el Canadá más derechos y protección? ¿Hay muchas personas que solamente tienen trabajo temporal? ¿Quiénes son?

La carta de negocios

Lea la carta siguiente y úsela como modelo para escribir una carta para solicitar empleo en su campo profesional. Use el vocabulario de este capítulo y el vocabulario asociado con las cartas comerciales que ya aprendió.

Estimados señores:

En respuesta al anuncio publicado en el periódico *El Mundo* de fecha 23 de septiembre en el que solicitan programador, quisiera ser considerada como candidata.

Como se desprende del currículum vitae que adjunto, tengo siete años de experiencia en este campo. Hace cuatro años que trabajo con TechnoMundo como programadora de sistemas operativos. Sé programar usando una variedad de lenguajes como por ejemplo C++, Pascal y Java. También uso los lenguajes visuales de Microsoft. Además de programar, puedo escribir páginas Web y administrar servidores Web. Tengo un doctorado de la Universidad Complutense.

Puede dirigirse a las referencias citadas en el CV para solicitar informes sobre mi capacidad. Quedo a su disposición y a la espera de una entrevista cuando les sea conveniente.

Atentamente,

María Elena Fernández

María Elena Fernández
Calle Herrera, 56 piso B izq.
Madrid, España
Tele: 426 56 98

Adj.: Currículum vitae

Panorama cultural

El petróleo es una de las industrias más rentables en México. ¿Cuáles son otros países de Norte y Sudamérica que producen el petróleo?

Lea la lectura y haga las actividades siguientes.

México

México, como España, tiene una economía bien diversificada. Exporta petróleo, coches y motores, productos electrónicos y plata. Una de las metas del gobierno mexicano es la desregulación de la economía con la creación de industrias privadas. Entre 1982 y 1998 el número de industrias controladas por el Estado bajó de más de 1.000 industrias a menos de 200. Para estimular la economía, el Estado sigue desregulizando las industrias estatales. Otra meta económica recientemente realizada por el gobierno mexicano es el Tratado de Libre Comercio entre México, el Canadá y los Estados Unidos. El comercio entre estos países se ha duplicado con el TLC y México está negociando pactos comerciales con países latinoamericanos y con la

UE también. El gobierno mexicano quiere diversificar su base de comercio ya que más del 80% del comercio extranjero que ahora tiene es con los Estados Unidos. Otros problemas que el gobierno mexicano tiene que resolver son la distribución desigual de ingresos, la inestabilidad de la tasa de cambio del peso mexicano y un sistema agrícola muy anticuado. Sin embargo, hoy en día México tiene una de las economías más fuertes del mundo hispanohablante.

Actividades

Use el Internet para buscar información sobre los temas siguientes.

1. ¿Puede Ud. encontrar información en el Internet sobre la deuda externa de México, su tasa de inflación, el desempleo y su sistema agrícola?
2. ¿Cuáles son algunas regiones y ciudades importantes industriales en México y qué producen? ¿Qué otras ciudades contribuyen a la economía mexicana (por ejemplo, Cancún, Puerto Vallarta, etc.) y cómo?
3. ¿Qué información puede encontrar en el Internet sobre puestos de trabajo en México u otros países hispanohablantes? ¿Puede Ud. encontrar un puesto en su profesión en un país hispanohablante? ¿Qué requisitos y beneficios se ofrecen?

Para encontrar esta información, use un buscador en español y palabras clave como los nombres de ciudades y "empleo y México".

Vocabulario

Puestos

el/la director/a de personal	*personnel director*	el/la técnico/a	*technician*
el/la aspirante, el/la postulante	*applicant*	el/la comerciante	*merchant*
		el/la gerente	*manager*
el puesto	*job, position*	el/la dependiente	*salesperson*
la mano de obra	*labor*	el/la patrón/a, el/la jefe/a	*boss*
el empleo	*employment*		
el/la portero/a	*doorman, superintendant (of a building)*	el/la propietario/a	*owner*
		el/la socio/a activo/a	*active partner*
		el/la oficinista	*office worker*
el/la jardinero/a	*gardener*	el/la mecanografista, el/la mecanógrafo/a	*typist*
el/la profesional	*professional*		
el oficio	*trade*	el/la recepcionista	*receptionist*
el/la obrero/a, el/la labrador/a	*physical laborer*	el/la tenedor/a de libros	*bookkeeper*
		el/la contador/a	*accountant*

el/la inversionista, el/la inversor/a	investor
el/la administrador/a	administrator
la gerencia	management
alto mando	upper management
medio mando	middle management
bajo mando	lower management
el/la supervisor/a	supervisor
el/la empleado/a principal	first associate
la junta directiva	board of directors

Tipos de compañías

la compañía, la empresa	company
la empresa colectiva	collective company
la empresa individual	single owner company
la empresa privada	private company
la empresa pública	public company
la empresa incorporada	corporation
la empresa internacional	international company
la compañía limitada	limited partnership
la sociedad colectiva	general partnership
la sociedad anónima, la corporación	corporation
la tienda	store
la maquiladora	machine shop
la fábrica	factory
la planta	plant
la refinería	refinery
la empresa naviera	shipping company
la empresa productora	production company
la empresa mercantil	commercial company
la casa matriz	home office

El proceso de encontrar trabajo

la entrevista	interview
la oficina	office
el anuncio clasificado	classified ad

la jornada completa	full time
la media jornada	half time
la jornada parcial	part time
la solicitud para/de empleo	employment application
el historial profesional	employment history, resume
el currículum vitae, el CV, el resumé	curriculum vitae resume
las referencias	references
el título universitario	degree
la experiencia	experience
la capacidad	abilities
el entrenamiento, la capacitación	training
el ambiente	environment
las prestaciones, los beneficios	benefits
los seguros	insurance
la pensión	pension
las vacaciones	vacation
el sueldo, el salario	salary
la unión, el sindicato	union
la oferta	offer
el contrato	contract
el ascenso	promotion
la bonificación, el bono	bonus
el aumento de sueldo	raise
las horas extra	overtime
la jubilación	retirement
el auxilio de cesantía	severance pay
llenar la solicitud	to fill out a job application
solicitar un puesto	to apply for a position
entrevistar	to interview
emplear	to employ
competir	to compete
despedir	to fire
jubilarse	to retire

CAPÍTULO 4

La tecnología y los negocios

Anticipemos

¿Puede Ud. nombrar y describir tres avances tecnológicos, y explicar cómo han contribuido al mundo de los negocios?

En su opinión, ¿puede decir que la tecnología causa problemas en el mundo de los negocios? Explique.

¿Puede Ud. imaginar avances tecnológicos futuros y cómo nos ayudarán?

¿Usa Ud. la tecnología? ¿Cómo?

Antes de empezar el capítulo, repase el vocabulario al final del capítulo.

Paso 1

Empecemos

El soporte físico

Alicia explica a sus clientes las características del soporte físico que va a introducir en su oficina. Éste es el memorando que circula entre sus empleados.

MEMO

Vamos a instalar tres servidores y veinticinco ordenadores, uno para cada oficina. Cada uno de los servidores tiene cuatro unidades centrales de proceso Pentium IV que funcionan a 933 MHz. Tienen dos gigaoctetos de memoria de acceso aleatorio y un disco duro de 400 gigaoctetos. Finalmente, tienen una tarjeta de interconexión ATM.

La mayoría de los ordenadores tienen solamente una unidad central de proceso. La unidad central de proceso controla los cálculos del ordenador. Si la unidad central de proceso es poderosa, el ordenador funciona rápidamente. Si el ordenaor tiene más de una unidad central de proceso, puede hacer más de un cálculo a la vez. Por eso es importante que el servidor tenga más de una unidad central de proceso para que funcione lo más rápido posible. Si el servidor funciona rápidamente, la red funcionará rápidamente también.

La tarjeta de interconexión ATM también permitirá que la red funcione rápidamente. Esta tarjeta se emplea para recibir pedidos de los otros ordenadores cuando necesitan un servicio que el servidor ofrece. Por ejemplo, puede que el servidor tenga archivos o programas que los otros ordenadores usan. La tarjeta de interconexión de los ordenadores puede mandar un pedido por un cable a la tarjeta de interconexión del servidor. La tarjeta interpreta el pedido y envía la información que el ordenador requiere. Si la tarjeta funciona rápidamente, la red funcionará rápidamente.

Otra característica importante es la cantidad de memoria de acceso aleatorio. El ordenador usa esta memoria para almacenar información que necesita para funcionar. Si no tiene suficiente memoria, el ordenador siempre tiene que vaciar su memoria de información que no ha usado recientemente para que tenga espacio para nueva información que necesita inmediatamente. El proceso de buscar espacio, determinar que no lo hay, vaciar una parte de la memoria y almacenar nueva información en este lugar hace que el ordenador funcione lentamente o que no funcione.

Finalmente, es importante que el servidor tenga un disco duro grande. Así puede almacenar muchos archivos y programas para los otros crdenadores en la red. También, permite el crecimiento de la red. Es normal que el sistema operativo crezca con cada versión. Si el disco duro es lo suficientemente grande, puede adaptarse a este crecimiento sin necesidad de cambiarlo.

Los ordenadores que cada persona tiene en su oficina se llaman un cliente. Tienen este nombre porque piden y reciben los servicios del servidor. Los clientes que vamos a instalar en las oficinas también tendrán unidades centrales de proceso Pentium IV que funcionan a 933 MHz. Tendrán 512 megaoctetos de memoria de acceso aleatorio, un disco duro de 20 gigaoctetos, una tarjeta de interconexión y una tarjeta de video con ocho megaoctetos de memoria. Además del ordenador, cada oficina tendrá una impresora de chorro de tinta.

Preguntas

1. ¿Qué equipo tecnológico básico debe tener una compañía moderna? ¿Por qué?
2. Cuando se compra ordenadores, ¿qué cualidades se deben considerar?

3. En su opinión, ¿gastan las empresas demasiado dinero para comprar equipo tecnológico? Explique.
4. Describa las características de los servidores que van a instalar.
5. Describa las características de los clientes que van a instalar.
6. ¿Qué periféricos van a instalar? Descríbalos.

Charlemos un poco

A. Definiciones. Escuche mientras su profesor/a lee descripciones de unas cosas que necesita la compañía y luego identifique cada una.

    Ejemplo: Necesitamos algo para hacer copias de documentos.

                una fotocopiadora

1. _____   4. _____
2. _____   5. _____
3. _____

B. Más definiciones. Empareje cada aparato en la columna A con su función en la columna B según lo que leyó en el memorando anterior.

A	B
1. ____ unidad central de proceso	a. donde se puede añadir otros aparatos
2. ____ unidad de discos	b. donde se conectan los aparatos
3. ____ ranura de expansión	c. donde el ordenador lee y escribe información
4. ____ banco de datos	d. el aparato que controla el procesamiento del ordenador
5. ____ placa madre	e. donde la computadora guarda la información que usa frecuentemente
6. ____ RAM	f. la placa central del ordenador que contiene y controla las placas de expansión
7. ____ puerto	g. la memoria que la computadora usa para el procesamiento

C. Dibujos. Describa los dibujos siguientes.

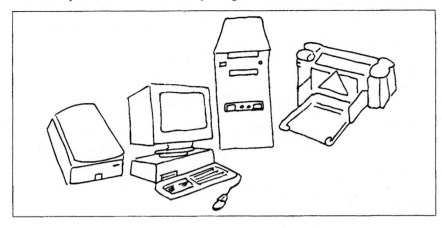

Entrevista

Ud. habla con otro/a empleado/a sobre qué tipo de computadora debe comprar para la oficina nueva.

Primera etapa: Escriba por lo menos cinco preguntas para obtener información sobre qué tipo de computadora debe comprar. Puede pedir información sobre qué necesitan los empleados para hacer su trabajo, memoria, potencia de cálculo, etc.

Segunda etapa: Use las preguntas para entrevistar a un/a compañero/a de clase. Anote sus respuestas.

Tercera etapa: Escriba un párrafo que resume toda la información que obtuvo durante la entrevista. Puede seguir este modelo.

Los empleados necesitan ordenadores para _____ ,

_____ y _____ . Estos ordenadores necesitan (ej.: ser rápidos, almacenar mucha información, ser portátiles, etc.) Por eso, el ordenador debe tener _____ , _____ y _____ .

También necesitamos periféricos como _____ y _____ .

Cuarta etapa: Preséntele esta información a la clase.

Situaciones

 En grupos de dos o tres compañeros de clase, representen una de las situaciones siguientes. Usen el vocabulario de este capítulo.

1. Ud. tiene la ordenador más antigua del mundo y quiere algo moderno. Hable con su jefe/a para justificar la compra de una computadora nueva.
2. Ud. es el/la técnico/a de la compañía y acaba de proveer nuevas ordenador a la sección financiera. Ahora tiene que explicarles su uso a los empleados. Ellos tienen muchas preguntas.
3. Su ordenador no arranca. Hable con el/la técnico/a para determinar cuál podría ser el problema.

Repaso de gramática

Additional Practice on the Preterite and the Imperfect

To review the preterite vs. the imperfect, please refer to the grammar explanation in **Capítulo 3, Paso 1**.

Ejercicios

A. **El pasado y el presente.** Escriba por lo menos cinco frases para comparar los ordenadores antiguos y sus periféricos con los ordenadores modernos. Use el imperfecto.

> *Ejemplo:* Los ordenadores antiguos funcionaban muy lentamente, pero los ordenadores modernos son más rápidos.

1. _____

2. _____

3. _____

4. _____

5. _____

B. Descripciones. ¿Qué hacíamos a mano antes de la invención de la ordenador? Incluya por lo menos cinco actividades y use el imperfecto.

Ejemplo: Escribíamos cartas a máquina y ahora usamos la ordenador.

1. _____

2. _____

3. _____

4. _____

5. _____

C. Más descripciones. Escriba un párrafo para describir lo que hizo Ud. ayer con su ordenador. Incluya por lo menos cinco actividades y use el pretérito.

Ejemplo: Ayer navegué el Internet.

Escribamos

Escriba unos párrafos para describir la ordenador que tiene. Incluya información sobre la capacidad de su unidad central de proceso, su memoria, todo su soporte físico y sus periféricos.

Paso 2

Empecemos

El soporte lógico

Alicia describe el uso de los nuevos programas que la compañía va a adoptar.

Alicia: Cada cliente tendrá un paquete completo de aplicaciones que incluirá un procesador de palabras, hojas de cálculo y aplicaciones para hacer presentaciones. Casi no hay nadie hoy en día que no haya usado procesadores de palabras para escribir cartas o informes. Los contadores usan hojas de cálculo para hacer sus cálculos electrónicamente, lo cual es más fácil y rápido. Cada persona en la oficina puede usar las aplicaciones para hacer presentaciones que incluyan gráficos o componentes multimedia como sonido o video. De esta forma, los informes son más interesantes y fáciles de entender y seguir. Finalmente, algunos empleados en la compañía necesitarán soporte lógico especial como, por ejemplo, herramientas de autoría para los programadores y programas para manipular gráficos para los diseñadores.

Los servidores van a tener una base de datos. Una base de datos almacena información que los clientes usan. El servidor puede almacenar más información que los ordenadores individuales y puede compartir esta información con todos los ordenadores de la red. Así los clientes pueden tener acceso a información que siempre esté al corriente sin tener que pedir y enviar discos por correo.

Además de los programas que los empleados usan cada día, los ordenadores van a necesitar otros programas como, por ejemplo, programas de antivirus. Hay muchas versiones diferentes de este tipo de programa, aun programas de libre distribución que se pueden bajar del Internet. Pero es recomendable que se usen programas estándares porque es muy importante proteger el ordenador de víruses que pueden hacerlo chocar.

Finalmente, vamos a hacer copias de reserva de cada programa que la compañía tiene y de todos los datos. Será muy importante mantener estas copias ya que si el servidor choca, puede perder datos que no se podrán recobrar sin las copias de reserva.

Preguntas

1. ¿Cuáles son los nombres de unos programas comunes? ¿Para qué se los puede usar?
2. ¿Hay diferencias entre los programas que se compran para el ordenador en casa y los que se instalan en una oficina? Explique.
3. ¿Qué programas van a instalar en cada cliente?
4. ¿Qué programas van a instalar en algunos de los clientes y por qué reciben estos clientes programas especiales?
5. ¿Qué tendrán los servidores?
6. ¿Qué tipo de programas van a instalar para proteger los ordenadores?
7. ¿Tiene Ud. programas en su trabajo actual? ¿Son necesarios? Explique.

Charlemos un poco

A. Definiciones. Escuche mientras su profesor/a lee la definición de una palabra del vocabulario. Luego dé la palabra que definió.

> *Ejemplo:* La utilidad que se usa para encontrar información en el Internet.
>
> el buscador

1. _____   4. _____
2. _____   5. _____
3. _____   6. _____

B. Más definiciones. Describa los usos de los programas siguientes según la lectura en **Empecemos**.

1. el programa de antivirus
2. la base de datos
3. el procesador de palabras
4. la hoja de cálculo
5. la herramienta de autoría

C. Descripciones. Describa las ventajas y desventajas del procesador de palabras que Ud. usa. Puede seguir el modelo siguiente.

Yo uso _____ . Es bueno porque _____ . Pero a veces no me gusta porque _____ . La próxima vez que me compre uno tendrá _____ .

Entrevista

👤👤 Alicia habla con los oficinista sobre los programas que usan.

Primera etapa: Escriba por lo menos cinco preguntas para obtener información sobre el soporte lógico que necesita la sección financiera de su compañía. Puede pedir información sobre programas para hacer cálculos, para preparar informes y presentaciones y para proteger las computadoras, etc.

Segunda etapa: Use las preguntas para entrevistar a un/a compañero/a de clase. Anote sus respuestas.

Tercera etapa: Escriba un párrafo que resume toda la información que obtuvo durante la entrevista. Puede seguir este modelo.

Las responsabilidades de la sección financiera son _____ .

Por eso, necesita programas para _____ , _____ y

_____ . Ellos prefieren programas que sean __(adjetivo)__

como _____ .

Cuarta etapa: Preséntele esta información a la clase.

Situaciones

👥👤 En grupos de dos o tres compañeros de clase, representen una de las situaciones siguientes. Usen el vocabulario de este capítulo.

1. Explíquele a su colega el uso de su nuevo procesador de palabras.
2. Ud. quiere justificar la compra de una herramienta de autoría pero su jefe/a no quiere gastar el dinero. Explíquele a su jefe/a todas las cosas que Ud. podría hacer con tal programa.
3. Su colega no sabe mucho de ordenadores y siempre está perdiendo su trabajo. Explíquele cómo guardar su trabajo sin perderlo.

Repaso de gramática

Additional Practice on the Preterite and the Imperfect

To review the preterite vs. the imperfect, please refer to the grammar explanation in **Capítulo 3, Paso 1**.

Ejercicios

A. ¿Qué hacía Ud.? Use la imaginación para completar las frases a continuación. Use el imperfecto.

1. Yo _____ cuando mi ordenador se colgó.

2. Yo _____ cuando recibí su correo electrónico.

3. Yo _____ cuando el virus infectó mi programa.

4. Yo _____ mientras instalaba los programas nuevos.

5. Yo _____ mientras el programa calculaba los resultados.

B. Descripciones. ¿Qué pasos hizo Ud. ayer para conectarse con la red local de su negocio? Escriba por lo menos cinco pasos. Use el pretérito y el vocabulario de este capítulo.

C. Más descripciones. Escriba un párrafo para describir lo que Ud. aprendió sobre ordenadores en la universidad o en el trabajo. Incluya cinco actividades y use el pretérito.

Escribamos

Alicia tiene que escribir una justificación para haber comprado tanto equipo. Escriba unos párrafos para describir el equipo que usaban en la oficina, cómo funcionaba y los problemas que tenían.

Paso 3

Empecemos

El Internet

Alicia introduce los usos de la red local y del Internet a los empleados.

Alicia: Cada empleado tendrá que conectarse a la red local cada día para tener acceso a los datos y servicios que los servidores ofrecen. Para hacer el logon, tendrá que autentificar. Este proceso consiste en entrar un nombre de usuario y una contraseña de acceso. Si el empleado no está en la oficina pero necesita información, puede usar la conexión por línea conmutada y el mismo proceso.

Después de conectarse, se puede usar los servicios de la red local, enviar correo electrónico u hojear el Internet. Además de proveer equipo y soporte lógico, vamos a construir una página Web para la empresa. Esta página tendrá información sobre los servicios de la compañía. También usará hiperenlaces para enlazarse con otra información relacionada. Los hiperenlaces son palabras en las cuales se puede hacer el "click" para saltar a otros lugares en el Internet. Se pueden ver las páginas Web con un navegador, que es un programa que puede intepretar el lenguaje de marcado de hipertexto (HTML). El HTML es el lenguaje en el que se escriben las páginas Web. Cada página Web tiene una dirección que se llama el localizador uniforme de recursos (URL). Para encontrar una página, hay que entrar el URL. Para obtener acceso al Internet, hay que comprar los servicios de un proveedor de servicios Internet. Estos proveedores venden conexiones a su servidor que está conectado al Internet.

Hay algunos problemas que podrá tener con su red local o con el Internet. El problema más común es que la conexión puede ser lenta. Este problema puede ocurrir cuando el servidor necesita más memoria o una unidad central de proceso más moderna. También puede ser que la red local necesite más anchura de banda. La anchura de banda es la capacidad de información que el cable de la red puede pasar en cualquier momento. Para mejorar la anchura de banda se puede comprar cable de alta calidad como fibra óptica. También, se puede usar una línea dedicada para acceso al Internet.

Preguntas

1. Se usa una contraseña de acceso para la seguridad. Por eso, ¿qué hay que considerar cuando se la inventa? ¿Puede dar ejemplos de contraseñas de acceso buenas y malas?
2. ¿Cuáles son las ventajas y desventajas de tener acceso al Internet en el trabajo?
3. En su opinión, ¿es el Internet o la red local útil para el trabajo? Explique.
4. Según la lectura, ¿qué hay que entrar para hacer el logon?
5. ¿Por qué es necesario conectarse con la red local?
6. ¿Qué problemas pueden ocurrir al usar la red local?
7. ¿Cómo se pueden resolver estos problemas?

Charlemos un poco

A. Nuestra página Web. Complete el párrafo con la palabra del vocabulario apropiada.

motor de búsqueda   marca   navegador
localizador uniforme de recursos   enlaces   red
lenguaje de marcado de hipertexto

Nuestra compañía acaba de publicar su primera página Web. Nuestra página está escrita con (1.)_____ . Uds. pueden ver nuestra página en el Internet o en nuestra (2.)_____ local. También pueden usar el Internet para buscar información sobre los productos que necesitan. Para ver el Internet, usen un (3.)_____ como Netscape o Internet Explorer. Para buscar información, entren el (4.)_____ de la página que quieren ver. Si no lo saben, entren unas palabras clave en un (5.)_____ . Típicamente, cada página tiene una multitud de (6.)_____ que se pueden seguir para encontrar aún más información sobre el tema. Si hay una página que tiene mucha información que van a necesitar frecuentemente, hagan una (7.)_____ de esta página.

B. Definiciones. Dé una definición de las siguientes funciones del Internet.

1. el servidor de listas
2. el grupo de discusión
3. el tablero electrónico
4. el correo electrónico
5. el hipertexto

C. Descripciones. Describa cómo un negocio puede usar el Internet o una red local para mejorar su producción. Incluya por lo menos cinco' metas que puede alcanzar usando el Internet.

> *Ejemplo:* El negocio puede usar el Internet para publicidad.

1. _____

2. _____

3. _____

4. _____

5. _____

Entrevista

 Alicia habla con un/a ingeniero/a de networking sobre lo que necesita para conectarse al Internet.

Primera etapa: Escriba por lo menos cinco preguntas para obtener la información necesaria. Puede pedir información sobre diferentes tipos de conexión, proveedores, precios, seguridad, etc.

Segunda etapa: Use las preguntas para entrevistar a un/a compañero/a de clase. Anote sus respuestas.

Tercera etapa: Escriba un párrafo que resume toda la información que obtuvo durante la entrevista. Puede seguir este modelo.

El/La ingeniero/a dice que la conexión mejor es _____ .

Recomienda un proveedor que se llama _____ . Cuesta entre

_____ y _____ conectarse al Internet. El único

problema con una conexión al Internet es que la seguridad puede ser

un problema porque _____ .

Cuarta etapa: Preséntele esta información a la clase.

Situaciones

👥👥 En grupos de dos o tres compañeros de clase, representen una de las situaciones siguientes. Usen el vocabulario de este capítulo.

1. El/La gerente de la oficina en Madrid está preocupado/a por la seguridad de su red después de conectarse con el Internet. Habla con Alicia sobre el peligro.
2. Dos empleados hablan de todos los avances de networking que les permiten hacer su trabajo rápidamente.
3. Dos empleados hablan de los problemas que tienen cuando la red local de la compañía falla.

Repaso de gramática

Additional Practice on the Preterite and the Imperfect

To review the preterite vs. the imperfect, please refer to the grammar explanation in **Capítulo 3, Paso 1**.

Ejercicios

A. **El pasado y el presente.** Escriba una o dos frases para explicar cómo hacíamos las siguientes actividades antes de la invención de networking y el Internet.

1. Ahora usamos correo electrónico. Antes...
2. Ahora buscamos información sobre productos en la página Web de la compañía. Antes...
3. Ahora compartimos información con hojas de cálculo y bases de datos. Antes...
4. Ahora podemos hacer una videoconferencia entre personas de diferentes ciudades. Antes...
5. Ahora tenemos teléfonos móviles. Antes...

B. Descripciones. Describa la última vez que usó el Internet. Incluya por lo menos cinco verbos, y use el pretérito y el imperfecto.

C. Más descripciones. ¿Cuál fue el último problema que Ud. enfrentó mientras usaba el Internet? Descríbalo usando el imperfecto y el pretérito de cinco verbos.

Escribamos

Escriba unos párrafos para describir cómo cambió la rutina en la oficina con todos los avances tecnológicos. Puede incluir información de otros ejercicios, pero también debe añadir sus propias ideas y opiniones.

Una vez más

Antes de leer

1. Después de leer el título de este artículo, ¿puede Ud. predecir el tipo de información que se va a incluir en el artículo?
2. Ahora lea las primeras dos frases del artículo. ¿Tenía Ud. razón? ¿Es el tema central del artículo lo que esperaba? Después de leer estas frases, ¿puede Ud. añadir más información específica a lo que ya ha dicho del artículo?
3. Busque las palabras siguientes en el artículo y lea rápidamente la sección del artículo pertinente a cada palabra. Luego, sin usar el diccionario, escriba una definición de cada palabra.
   a. a prueba de golpes
   b. el estuche
   c. el tamaño

A leer

Lea el artículo y conteste las preguntas siguientes.

Una computadora portátil más liviana

El nuevo diseño de computadora portátil de la empresa Dell, llamado Inspiron 8200, salió al mercado hoy. Es más pequeña y liviana que las que antes se conocía. Viene en un estuche de plástico fabricado con fibra de carbón que da como resultado una unidad más delgada y resistente. Además de su tamaño revolucionario, ofrece una variedad de avances tecnológicos también. Por ejemplo, los usuarios pueden transformar el modelo en unos segundos en un sistema modular completo al conectarlo con una nueva base que permite una variedad de accesorios opcionales. La nueva computadora portátil viene cargada con los programas Microsoft Windows ME o XP. Tiene una batería con siete horas de duración, un teclado a prueba de golpes, memoria estándar de 512 megaoctetos (MB) expandible a 1 GB y soporte para puertos de gráfico acelerados (AGB) entre otros. Con apenas 2,5 centímetros de espesor, un peso inferior a los 1,8 kilos y todos los avances tecnológicos que ofrece, este modelo de computadora portátil promete ser el más popular del mercado.

Preguntas

1. Según el artículo, ¿qué producto nuevo lanza Dell?
2. Describa el producto: su tamaño, su potencia de cálculo, los programas incluidos, etc.
3. ¿Para qué sirve el base?
4. Haga un resumen de las ventajas de este producto sobre sus competidores.

Discusión

👥 Hable con un/a compañero/a de clase sobre lo siguiente: ¿es importante estar al corriente de la tecnología? ¿Por qué? ¿Es verdad que la tecnonología nos aleja del contacto personal? ¿Es Ud. una de las personas que tiene que comprar cada producto tecnológico nuevo? ¿Es posible estar al corriente de la tecnología?

La carta de negocios

Lea la carta siguiente y úsela como modelo para escribir una carta que
acusa recibo de un pedido y explica que había una demora de
embarque de un mes. Use el vocabulario de este capítulo y el
vocabulario asociado con las cartas comerciales que ya aprendió.

Estimados señores:

Hemos recibido su pedido de fecha 11 de junio, por el cual le damos nuestras más cumplidas gracias.

Lamentamos informarle que esta versión del sistema operativo está
totalmente agotada, lo que nos impide hacerle su envío como serían
nuestros deseos. Además, actualmente no pensamos reaprovisionar
esta versión porque la próxima versión del sistema operativo saldrá
el mes que viene. Por eso, nos permitimos sugerirle que nos haga
su pedido para la próxima versión con bastante anticipación. Dada
la demanda que tienen estos productos, las existencias se agotan
con mucha rapidez. Quedamos en espera de sus instrucciones y nos
repetimos sus atentos servidores.

José Antonio Biglieri

José Antonio Biglieri

Infotech

Panorama cultural

El 17 de diciembre de 1992 en la Ciudad de México, el presidente Carlos Salinas firma el TLC.
En su opinión, ¿qué efecto tuvo este tratado en su popularidad política? ¿Por qué?

Lea la lectura y haga las actividades siguientes.

TLC/NAFTA

El Tratado de Libre Comercio fue firmado por el presidente Carlos
Salinas de México, el presidente William Clinton de los Estados Unidos
y el primer ministro Brian Mulroney del Canadá y entró en vigor el
primero de enero de 1994. Antes había aranceles enormes de entre 15%
y 100% para productos de lujo que los países debían pagar para exportar
sus productos. Estos aranceles servían para proteger las industrias
nacionales pero a la vez hacían muy difícil ampliar el mercado para los
productos en países extranjeros. El TLC estableció una zona de libre
comercio entre el Canadá, los Estados Unidos y México. Los tres países
se comprometieron a: 1) eliminar las barreras arancelarias; 2) aumentar
las oportunidades de inversión para compañías de los tres países;
3) simplificar los procedimientos bancarios y aduaneros; 4) proteger
la propiedad intelectual, y 5) respetar los acuerdos establecidos en el
Acuerdo General sobre Aranceles y Comercio (AGAC/GATT). En el
futuro es posible que otros países sudamericanos como, por ejemplo,
Chile firmen el TLC. Así el TLC se extenderá por todo el continente.

Actividades

Use el Internet para buscar información sobre los temas siguientes.

1. ¿Puede Ud. encontrar una copia del TLC en el Internet?
2. ¿Puede encontrar unas páginas dedicadas al análisis del éxito del
   tratado?
3. ¿Puede encontrar información sobre compañías que venden
   productos tecnológicos?
4. ¿Qué países hispanohablantes son los más avanzados
   tecnológicamente según la información que puede encontrar en el
   Internet?

Para encontrar esta información, use un buscador en español y
palabras clave como "El Tratado de Libre Comercio", "El Tratado de
Libre Comercio y análisis", "computadoras" o "servicios tecnológicos".

Vocabulario

El soporte físico

el ordenador, la computadora	computer
el servidor	server
el ordenador portátil, la computadora portátil	laptop
la unidad central de proceso	CPU
el chip, la plaqueta	chip
la unidad de discos	hard disk
la ranura de expansión	expansion slot
el puerto, la portilla, la conexión	port
la tarjeta de sonido	sound card
la memoria	memory
el módem	modem
la placa madre	mother board
el lector/el grabador de CD-ROM	CD-ROM reader/ writer
el disco duro, el disco rígido	hard disk
la potencia de cálculo	computing power
el RAM, la memoria de acceso aleatorio	RAM
el disco, el disquete	disk
la impresora de chorro de tinta	inkjet printer
el cartucho	cartridge
el tóner	toner
el ratón, el mouse	mouse
el botón del ratón/mouse	mouse button
la alfombrilla de ráton	mouse pad
el escáner	scanner
la palanca de juego	joy stick
el teclado	keyboard
la tecla	key
el monitor	monitor
la pantalla	screen
la pantalla de tacto	touch screen
la interfaz, el interface	interface

El soporte lógico

la aplicación, el programa	program
el sistema operativo	operating system
el procesador de palabras/de texto	word processor
el procesamiento de palabras/de texto	word processing
el clip art	clip art
los programas de libre distribución/de dominio público/ gratuitos	freeware
la base de datos	database
la hoja de cálculo	spreadsheet
la plantilla	template
las herramientas de autoría	authoring tools
el antivirus	antivirus
el bug, el bicho, el gazapo, el error lógico, el fallo lógico	bug
el archivo	file
la copia de seguridad/ de reserva/ de respaldo	backup
el gráfico	graph
el intruso informático, el pirata informático	computer hacker
la ventana	window
la ventana de diálogo	dialogue box
la carpeta	folder
el menú plegable	pull-down menu

el protector de pantalla	*screen saver*
el fondo	*background*
el puntero, el cursor	*cursor*
la tecla de entrada	*enter key*
la tecla de desplazamiento	*tab key*
la fila	*line, row*
el lenguaje ensamblador	*programming language*
enchufar y usar	*plug and play*

La red local y el Internet

la autentificación, la autenticación	*authentification*
el nombre de usuario	*user name*
la contraseña, la clave de acceso	*password*
el código de acceso/ de entrada	*entry code*
el nivel de acceso/ de entrada	*access/entry level*
el tiempo de acceso/ de entrada	*access/entry time*
la anchura de banda	*bandwidth*
la velocidad de baudios, la tasa de baudios	*baud rate*
la red	*network*
la red de área extensa	*wide area network (WAN)*
la red de área local	*local area network (LAN)*
la fibra óptica	*fiber optic cable*
la línea dedicada	*dedicated line*
la conexión por línea conmutada	*dial-up connection*
fuera de línea	*disconnected, offline*
en línea	*connected, online*
el Internet	*Internet*
el intranet	*intranet*
la infopista, la autopista de información, la autopista de datos	*information superhighway*

el URL, el localizador uniforme de recursos	*URL*
el motor de búsqueda	*search engine*
la página inicial	*homepage*
la página Web	*Web page*
el administrador de Web	*Webmaster*
el lenguaje de marcado de hipertexto	*HTML*
el protocolo de transmisión de hipertexto	*HTTP*
el hiperenlace	*hyperlink*
el hipertexto	*hypertext*
el navegador, el visualizador, el explorador, el visor	*browser*
el proveedor de servicios Internet	*Internet service provider (ISP)*
el servidor de listas	*listserv*
el grupo de discusión	*chatroom*
el correo electrónico, el correo-e	*e-mail*
el tablero electrónico	*electronic bulletin board*
la marca, el atajo, el marcador	*bookmark*
la casilla de control, la casilla, el cuadro	*checkbox*
el botón tipo radio	*radio button*
la galleta, el anzuelo	*cookie*

La tecnología

la videocámara	*video camera*
el videocasete	*videocassette*
la videoconferecia	*videoconference*
la videocinta	*videotape*
la realidad virtual	*virtual reality*
el correo de voz	*voice mail*
el código de barras	*barcode*
el teléfono móvil	*cell phone*

Verbos asociados con la tecnología

añadir, adjuntar	to paste
hacer una copia de seguridad	to backup
retroceder	to backspace
señalar un lugar, marcar un espacio Web, atajar	to bookmark
arrancar, autoarrancar, iniciar	to boot
hojear, rastrear, ojear	to browse
borrar, despejar	to clear, delete
cliquear, hacer un clic, hacer clic, darle clic, pinchar, chasquear, pulsar y soltar, picar con el ratón	to click, click on
comprimir	to compress, zip
configurar	to configure
conectar	to connect
copiar y pegar	to copy and paste
arrastrar y saltar	to drag and drop
corromper	to corrupt
colgar(se), quebrar(se), chocar, romper, estrellar, congelar, caerse	to crash
depurar, limpiar	to debug
decodificar, descifrar	to decode
codificar, cifrar	to encode
digitalizar	to digitize
bajar, descargar, hacer un download, bajar archivos, capturar, copiar	to download
enviar por correo electrónico	to e-mail
salir	to exit
mandar un fax	to fax
archivar, guardar	to file
formatear	to format
pasar, retransmitir	to forward (on browser)
amañar, sabotear, piratear, hackear, jaquear	to hack
resaltar	to highlight
sangrar	to indent
poner en negrita, poner en negrilla, poner enfático	to boldface
inicializar, iniciar	to initialize
insertar	to insert
instalar	to install
hacer un link, enlazar, ligar, ensamblar	to link
cargar	to load
comenzar la sesión, hacer un logon	to log on
hacer un logoff, terminar el modo de diálogo, terminar la conexión	to log off
navegar	to navigate, surf
reiniciar, reanudar	to reboot
ejecutar (un programa)	to execute
actualizar	to upgrade
escanear	to scan
imprimir	to print
enrollar	to scroll
apagar, cerrar	to shut down
subir, cargar	to upload
espamear	to spam

CAPÍTULO 5

La gerencia y la evaluación de empleados

Anticipemos

¿Cómo es el gerente ideal?

¿Ha tenido Ud. la responsabilidad de ser supervisor/a? ¿Qué hizo y cómo salió?

¿Piensa Ud. que los estilos de gerencia cambian con los años? ¿Cómo? ¿Por qué?

Antes de empezar el capítulo, repase el vocabulario al final del capítulo.

Paso 1

Empecemos

La planificación de proyectos

Alicia rinde un informe al equipo de gerentes sobre unos cambios que hay que iniciar.

MEMO

En los últimos años, la compañía ha crecido tremendamente y por eso será necesario organizarnos mejor para seguir satisfaciendo a nuestros clientes. Por lo tanto, debemos establecer un plan fijo para guiar la administración de todos los proyectos que tenemos que realizar. El propósito de esta reunión es presentar y describir este plan.

El plan tiene cinco etapas. La primera etapa establece las reglas para iniciar cualquier proyecto. Obviamente, primero la gerencia tiene que reconocer que hay un proyecto necesario. Segundo, la gerencia tendrá la responsabilidad de definir lo que el proyecto requiere y determinar quiénes deben trabajar para realizarlo. Finalmente, durante esta etapa es muy importante establecer las expectativas del cliente.

En la segunda etapa de la planificación, planeamos el proyecto. Para mejor definir el plan, primero hay que hacer una lista de tareas requeridas para realizar el proyecto. Después de formular esta lista, podemos decidir el orden de prioridad de las tareas. Entonces, debemos hacer un horario y un presupuesto para realizar el proyecto. Finalmente, la gerencia puede delegar las tareas a los miembros apropiados del equipo.

La tercera etapa del plan se refiere a la realización del plan. Durante esta etapa, es muy importante que el gerente del equipo dirija al equipo cuidadosamente. Para hacer eso, debe arreglar reuniones y citas entre los clientes y los miembros del equipo. También debe consultar personalmente con los clientes. Así, puede resolver cualquier problema y obtener todos los recursos necesarios para llevar a cabo el proyecto.

Mientras todos los miembros del equipo trabajan para la realización del plan, el gerente del equipo también tiene que esforzarse para controlar el proyecto. Para hacer eso, es necesario no desviarse del plan. Además, el gerente debe asegurar que el equipo cumpla con los requisitos del plan a tiempo. Finalmente, se tiene que evaluar cambios en el plan. Estas responsabilidades forman la cuarta etapa de la planificación de proyectos.

Finalmente llegamos a la quinta etapa. En esta etapa ya hemos realizado las metas del proyecto y solamente tenemos que reconocer los resultados y logros y escribir un informe sobre el proceso, los éxitos y los fracasos del plan.

Para tener éxito con la planificación de proyectos hay unas necesidades imprescindibles. Lo más importante es consultar con los clientes para establecer exactamente lo que esperan. Segundo, es necesario formar el mejor equipo posible con empleados capacitados. Tercero, el horario debe ser razonable.

Si seguimos este plan, podremos realizar mejor los proyectos y satisfacer a nuestros clientes.

Preguntas

1. ¿Por qué es importante establecer un plan antes de iniciar un proyeto complejo?
2. ¿Es siempre necesario formular un plan para cada proyecto? Explique.
3. ¿Por qué necesita la empresa de Alicia un nuevo sistema para organizar los proyectos?
4. ¿Cuántas etapas hay en este plan y cuáles son? Descríbalas en breve.
5. Para tener éxito, ¿qué hay que hacer antes de iniciar un proyecto?
6. ¿Por qué es importante consultar con los clientes?

7. En su opinión, ¿es completo este plan? ¿Hay algo más que debe añadir o algo no muy necesario?
8. En su opinión, ¿es este plan fácil o difícil de implementar? ¿Por qué?

Charlemos un poco

A. Definiciones. Escuche mientras su profesor/a describe un problema. Para cada uno dé una frase que use un verbo de la lista del vocabulario que resolvería el problema.

> *Ejemplo:* El director ha dictado muchas cartas que la secretaria necesita enviar.
>
> Ud. responde: La secretaria debe escribir las cartas a máquina.

1. _____
2. _____
3. _____
4. _____
5. _____

B. Más definiciones. Explique las actividades siguientes.

1. crear
2. avanzar
3. tomar decisiones
4. arreglar citas
5. calcular

C. Solicitamos su opinión. Hable con un/a compañero/a de clase sobre los temas siguientes.

1. ¿Sabe Ud. manejar proyectos? ¿Tiene Ud. experiencia con la gerencia de proyectos? Describa su experiencia.
2. Nombre y describa por lo menos cinco campos de trabajo diferentes y los proyectos associados con estos tipos de trabajo.
3. Empleados diferentes tienen papeles diferentes en cada proyecto. ¿Cuales son unos ejemplos? ¿Por qué tienen diferentes responsibilidades?
4. ¿Qué ocure cuando el proyecto no sale como se esperaba? ¿Qué puede hacer durante el proceso de un proyecto cuando parece que no va a salir bien?

Entrevista

👤👤 Alicia habla con el equipo de gerencia sobre los problemas que ha experimentado durante el año fiscal pasado y los cambios que recomienda para el año fiscal que viene.

Primera etapa: Escriba por lo menos cinco preguntas para obtener información sobre el año pasado. Puede pedir información sobre producción, organización, capacitación, etc.

Segunda etapa: Use las preguntas para entrevistar a un/a compañero/a de clase. Anote sus respuestas.

Tercera etapa: Escriba un párrafo que resume toda la información que obtuvo durante la entrevista. Puede usar palabras y frases como las siguientes.

> Con respecto a la producción...
> *With regards to production...*
>
> En cuanto a la capacitación...
> *In terms of training...*
>
> En lo que concierne a la organización...
> *Where organization is concerned...*
>
> Debemos/Necesitamos/Hay que/Tenemos que...
> *We ought/We need/One must/We have to...*

Cuarta etapa: Preséntele esta información a la clase.

Situaciones

👤👤👤 En grupos de dos o tres compañeros de clase, representen una de las situaciones siguientes. Usen el vocabulario de este capítulo.

1. El/La gerente habla con su secretario/a sobre sus responsabilidades.
2. Dos supervisores hablan de cómo deben capacitar a los nuevos empleados.
3. El/La presidente/a ha comprado una fábrica nueva y como Uds. son los nuevos directores es su responsabilidad crear un plan para hacerla funcionar.

Repaso de gramática

The Subjunctive

Forms

A. The subjunctive is a mood used under certain conditions. The subjunctive is conjugated as follows.

-ar verbs		-er/-ir verbs	
yo hable	nosotros/as hable**mos**	yo coma	nosotros/as com**amos**
tú hable**s**	vosotros/as habl**éis**	tú com**as**	vosotros/as com**áis**
él/ella/Ud. hable	ellos/ellas/Uds. hable**n**	él/ella/Ud. coma	ellos/ellas/Uds. com**an**

B. Note that the subjunctive is conjugated like the present indicative, except that the endings are opposite (**-ar** verbs take **-er/-ir** endings; **-er/-ir** verbs take **-ar** endings).

The subjunctive is formed from the **yo** form of the present indicative. Thus, any irregularity in the **yo** form will carry over to the subjunctive forms. Note the following.

tener	**tenga, tengas,** etc.
decir	**diga, digas,** etc.
traer	**traiga, traigas,** etc.
conocer	**conozca, conozcas,** etc.
incluir	**incluya, incluyas,** etc.
escoger	**escoja, escojas,** etc.
pedir	**pida, pidas,** etc.

C. In the case of verbs whose present indicative **yo** form does not end in the letter **o**, the conjugation is irregular.

ser	estar	ir	dar	saber
sea	esté	vaya	dé	sepa
seas	estés	vayas	des	sepas
sea	esté	vaya	dé	sepa
seamos	estemos	vayamos	demos	sepamos
seáis	estéis	vayáis	deis	sepáis
sean	estén	vayan	den	sepan

D. In addition, stem-changing **-ir** verbs maintain the **e** to **ie** or **o** to **ue** change in all forms, except the **nosotros** and **vosotros** forms, which change **e** to **i** or **o** to **u**, respectively.

dormir		preferir	
duerma	durmamos	prefiera	prefiramos
duermas	durmáis	prefieras	prefiráis
duerma	duerman	prefiera	prefieran

E. Verbs that end in **-zar, -car** and **-gar** have a spelling change in the subjunctive.

-zar	**z** to **c**	cruce, cruces, etc.
-car	**c** to **qu**	busque, busques, etc.
-gar	**g** to **gu**	llegue, llegues, etc.

Uses

In addition to learning the conjugation of the subjunctive, it is necessary to understand when it is used. You must have three conditions to trigger the use of the subjunctive.

A. The sentence must have two verb clauses.

Yo compro refrescos. (one verb clause—no subjunctive)
Yo necesito que tú compres refrescos. (two verb clauses— subjunctive in second clause)

In the first sentence, there is only one verb clause. In this case, the subjunctive would never be used. The second sentence, however, does have two verb clauses; and under certain circumstances, like this one, would require the use of the subjunctive. The two verb clauses will usually be connected with the conjunction **que**.

B. The sentence must have two different subjects.

Yo necesito comprar refrescos. (one subject)
Yo necesito que **tú compres** refrescos. (two subjects)

C. The main clause must contain specific phrases that require the subjunctive. Verbs of volition are an example of phrases that require the use of the subjunctive. Examples of verbs of volition are:

necesitar que	sugerir (ie) que	recomendar (ie) que
querer (ie) que	preferir (ie) que	aconsejar que
insistir en que	permitir que	prohibir que
exigir que	mandar que	pedir (i) que

Note that all these conditions must exist to require the subjunctive.

Ejercicios

A. Necesidades en el trabajo. Use los fragmentos a continuación y su imaginación para formar por lo menos cinco frases.

> *Ejemplo:* El gerente quiere que la secretaria escriba una carta.

el gerente	querer		el gerente...
la secretaria	recomendar		la secretaria...
yo	sugerir	que	yo...
nosotros	insistir en		nosotros...
ellos	mandar		ellos...

B. Recomendaciones. ¿Qué recomieda el gerente en las siguientes situaciones?

> *Ejemplo:* Hay empleados que no saben hacer su trabajo.
>
> El gerente recomienda que los capacitemos.

1. Hay mucha correspondencia que hay que enviar.
2. Suena el teléfono.
3. Hay muchos papeles por todos lados.
4. Necesitamos más información.
5. El/La contador/a tiene muchos datos nuevos.

C. Más recomendaciones. Ud. es gerente de una tienda. Escriba una lista de lo que quiere que los empleados hagan esta semana mientras Ud. está de vacaciones. Use el subjuntivo.

Escribamos

Ud. está delegando tareas. Escriba unos párrafos para delegar tareas a la secretaria, al contador y a los oficinistas. Use el subjuntivo.

Paso 2

Empecemos

La gerencia y los empleados

Como parte de la capacitación del equipo de gerentes, Alicia rinde otro informe sobre nuevos métodos para motivar a los empleados.

MEMO

El campo de la tecnología es muy competitivo y los recursos más importantes que nuestra compañía tiene son nuestros empleados. Por eso, tenemos que esforzarnos por satisfacerlos mientras cumplimos con las responsabilidades requeridas para realizar nuestros proyectos. Hoy vamos a hablar de algunas estrategias para motivar a los empleados en nuestros equipos.

Primero, es muy importante darles todo lo que necesitan para tener éxito. Eso incluye la capacitación necesaria, los recursos requeridos, expectativas razonables y un ambiente positivo. Para fomentar un ambiente positivo debemos permitir la expresión personal y comunicación abierta con los miembros del equipo. También el gerente del equipo debe decirle algo positivo a cada empleado cada día.

Segundo, hay que darles un buen ejemplo. Para hacer eso, el gerente debe mostrar entusiasmo y ser trabajador. También es muy importante que el gerente reconozca sus propios errores. Lo más importante es expresarle gratitud al empleado.

Finalmente, cuando hay que criticar a un empleado es importante pedirle que hable con Ud. en privado. Antes de hablar del problema, es importante decirle algo positivo. Mientras habla del problema, el gerente debe poner énfasis en lo que él puede hacer para ayudarlo a mejorarse. Antes de concluir la conversación, el gerente y el empleado deben establecer un plan de cambios graduales y razonables para resolver el problema.

Sobre todo recuerden: Cuando sea posible, permitan que los empleados hagan sus tareas como quieran. Así estarán más cómodos y contentos, y trabajarán más eficazmente.

Preguntas

1. ¿Qué son unos ejemplos de lo que hace su gerente para motivar a los empleados? ¿Tiene éxito su gerente? ¿Están motivados los empleados en su compañía?
2. Según el plan de Alicia, para motivar a los empleados, ¿qué debemos darles?
3. ¿En qué consiste un ambiente positivo, según Alicia? En su opinión, ¿hay algo más?
4. ¿Cómo podemos darles un buen ejemplo a los empleados?
5. ¿Cómo debemos criticarlos cuando sea necesario?
6. Como empleado/a, ¿se sentiría motivado/a con el plan que presenta Alicia? ¿Qué cambiaría o agregaría Ud.?

Charlemos un poco

A. **Definiciones.** Escuche mientras su profesor/a lee unas descripciones de las cualidades requeridas para realizar ciertas actividades. En cada caso identifique la actividad que describe su profesor/a.

> *Ejemplo:* Para hacer esto, es necesario saber las responsabilidades del trabajo y el nivel de desempeño exigido por la compañía para cada puesto. También hay que familiarizarse con el desempeño de cada empleado para compararlo con los estándares de la compañía.
>
> Ud. responde: para evaluar a los empleados

1. _____
2. _____
3. _____
4. _____
5. _____

B. Unas sugerencias útiles. Complete el párrafo con la forma correcta del verbo apropiado.

averiguar   establecer   aumentar   alcanzar   desarrollar

En el año fiscal, nuestra sección acaba de experimentar un descenso del 30% en la producción. Primero, la gerente tiene que (1.)_____ cuáles son los problemas que causaron el descenso. Entonces, necesita (2.)_____ unas reglas nuevas para (3.)_____ las normas de producción. También tendrá que (4.)_____ la producción hasta que por lo menos pueda (5.)_____ los niveles anteriores.

C. Solicitamos su opinión. Con un/a compañero/a de clase, hable de los temas siguientes.

1. ¿Cuál es la mejor manera de motivar a los empleados? ¿expresarles gratitud cuando lo merecen? ¿con un buen ejemplo?
2. ¿Qué se debe hacer para aumentar la producción? ¿dar incentivos? ¿de qué tipo? ¿correr riesgos?
3. ¿Cuáles son las cualidades de los mejores empleados?
4. ¿Cómo se debe evaluar a los empleados? ¿Hay algo que se debe decir o que no se debe decir o hacer?

Entrevista

Alicia habla con unos empleados de dos departamentos. El primer departamento tiene la reputación de tener moral alta y buena producción. El otro tiene la reputación de tener moral baja. Alicia quiere que los empleados de estos departamentos compartan ideas para resolver los problemas del segundo departamento.

Primera etapa: Escriba por lo menos cinco preguntas que las personas en cada departamento pueden usar para obtener información sobre los problemas y las posibles soluciones. Ud. puede pedir información sobre motivación, ambiente, el estilo de gerencia, etc.

Segunda etapa: Use las preguntas para entrevistar a un/a compañero/a de clase. Anote sus respuestas.

Tercera etapa: Escriba un párrafo que resume toda la información que obtuvo durante la entrevista. Puede usar las frases siguientes.

En primer lugar...
Por otra parte...
Para concluir...

Cuarta etapa: Preséntele esta información a la clase.

Situaciones

En grupos de dos o tres compañeros de clase, representen una de las situaciones siguientes. Usen el vocabulario de este capítulo.

1. Su gerente quiere saber sus ideas para dar incentivos a los empleados para aumentar la producción.
2. El/La gerente habla con un/a nuevo/a supervisor/a para darle unas ideas de cómo se puede motivar a los empleados.
3. Ud. habla con el/la vicepresidente para informarle de unos problemas que hay entre los empleados y el/la nuevo/a gerente.

Repaso de gramática

The Subjunctive with Expressions of Emotion and Doubt

Phrases of emotion and doubt also require the use of the subjunctive. As with verbs of volition, there must also be two verb clauses and two different subjects, in addition to a phrase of emotion or doubt.

Temo que **estoy perdiendo** mi tiempo.
I fear that I am wasting my time.

In the previous example, there is no subjunctive because, although there are two verb clauses and a phrase of emotion, there is only one subject.

Temo que **tú estés perdiendo** tu tiempo.
I fear that you are wasting your time.

The subjunctive is required because all three conditions have been met (two verb clauses, two different subjects, and a phrase requiring the subjunctive).

The following is a list of phrases of emotion and doubt.

dudar que	negar (ie) que	lamentar que
no pensar (ie) que	temer que	alegrarse de que
no creer que	sentir (ie) que	avergonzarse (üe) de que
enojarse de que	entristecerse que	preocuparse que
cansarse de que	agradecer que	no estar seguro/a que

Ejercicios

A. Problemas en el trabajo. Use los fragmentos para hacer frases que usan el subjuntivo.

> *Ejemplo:* Mis colegas dudan que la gerente entienda sus problemas.

mis colegas	dudar		mis colegas...
la gerente	no creer		la gerente...
yo	temer	que	yo...
nosotros	enojarse de		nosotros...
el vicepresidente	preocuparse		el vicepresidente...

B. Una conversación importante. La gerente habla con un empleado sobre un problema. Complete los comentarios de la gerente.

> *Ejemplo:* No creo que Ud. tenga toda la información necesaria para resolver el problema.

1. Me alegro de que...
2. Siento que...
3. Temo que...
4. Dudo que...
5. No estoy segura que...

C. Preguntas y respuestas. ¿Cómo respondería Ud. en las siguientes situaciones?

> *Ejemplo:* Se ha enterado de que el padre de su colega está enfermo.
>
> Espero que su papá se sienta mejor muy pronto.

1. Su colega regresa a la oficina después de seis semanas de permiso por enfermedad.
2. Su colega ha experimentado un montón de problemas y complicaciones hoy.
3. Mañana es la fecha tope para un informe muy importante y su colega no lo ha terminado.
4. Su colega acaba de oír que no va a recibir el aumento de sueldo que pidió.
5. Su colega le cuenta una historia sobre algo vergonzoso que le pasó.

Escribamos

Su nuevo jefe quiere saber cómo Ud. piensa desarrollar mejores relaciones con los empleados. Escriba un informe para explicárselo.

Paso 3

Empecemos

La evaluación de los empleados

Alicia habla con un empleado para hacer su evaluación y hablar de su ascenso.

Alicia: Buenos días. Pase y tome asiento. Esta reunión es para darle su evaluación anual. Para empezar, quiero enfatizar que estamos muy satisfechos con su rendimiento. En general, vemos que es Ud. muy trabajador, organizado, innovador y honrado. Ha participado en tres proyectos importantes en el último año. Veo que Ud. siempre logra llevar a cabo sus tareas a tiempo. También veo que Ud. identificó unos problemas con el segundo proyecto y por eso fue nombrado supervisor del tercer proyecto. Sus gerentes regularmente comentan que Ud. está bien capacitado. Sus colegas dicen que Ud. es cortés y de buen genio.

Por estas razones, queremos darle un ascenso y nombrarlo gerente del equipo de soporte físico. Si acepta Ud. este puesto, queremos enviarlo a unas clases de capacitación gerencial.

El único problema que vemos es que a veces Ud. llega tarde. Nos gustaría ver cambios en esta área porque esperamos que nuestro equipo de gerencia dé un buen ejemplo a los empleados.

¿Tiene Ud. algún comentario o pregunta?

Preguntas

1. ¿Puede Ud. describir una evaluación que Ud. ha tenido? ¿Cómo salió?
2. En el trabajo, ¿qué aspectos se consideran en la evaluación?
3. Es común estar nervioso durante una evaluación. ¿Por qué? ¿Qué puede hacer el empleado y el supervisor para hacerlo una experiencia menos difícil?
4. ¿Es esta evaluación positiva o negativa? ¿Cómo lo sabemos?
5. ¿Cuáles son las características del empleado que cita Alicia?
6. ¿Cuál es el problema que cita?
7. ¿Qué le ofrece Alicia al empleado?

Charlemos un poco

A. Asociaciones. Dé por lo menos tres palabras que se asocian con las cualidades siguientes.

1. emprendedor/a
2. flojo/a
3. honrado/a
4. compulsivo/a
5. imaginativo/a

B. Descripciones. Describa lo que hay que hacer para…

1. tener éxito
2. ser respetado
3. ser buen gerente
4. llevarse bien con sus colegas
5. conseguir un puesto de alto rango

👥 **C. Solicitamos su opinión.** Hable con un/a compañero/a de clase sobre los temas siguientes.

1. ¿Tiene Ud. experiencia con la gerencia de empleados difíciles? ¿Has trabajado con personas difíciles? Describa la experiencia.
2. Describa las varias maneras en que un empleado puede causar conflicto en el trabajo.
3. ¿Qué debe hacer un buen gerente si hay empleados que causan problemas en el trabajo?
4. ¿Qué debe hacer el gerente cuando tiene un empleado excepcional? ¿Cómo debe reconocer su buen trabajo?

Entrevista

👥 Alicia hace una evaluación de Carmen Ana, una empleada con quien sigue teniendo problemas. Alicia habla con los supervisores de los proyectos en los cuales Carmen Ana está trabajando para averiguar información específica.

Primera etapa: Escriba por lo menos cinco preguntas que Alicia puede usar para obtener información sobre la empleada que evalúa. Puede pedir información sobre producción, organización, capacitación, etc.

Segunda etapa: Use las preguntas para entrevistar a un/a compañero/a de clase. Anote sus respuestas.

Tercera etapa: Escriba un párrafo que resume toda la información que obtuvo durante la entrevista. Puede usar las palabras o frases a continuación para organizar sus ideas.

A primera vista parece que...
At first glance it seems that...

No se trata de... (ni menos de...), sino de...
We're not dealing with... (nor with...), but rather...

Para aclarar el problema debemos fijarnos en que...
To clarify the problem we ought to focus on...

Cuarta etapa: Preséntele esta información a la clase.

Situaciones

▲▲▲ En grupos de dos o tres compañeros de clase, representen una de las situaciones siguientes. Usen el vocabulario de este capítulo.

1. Dos supervisores hablan de por qué tienen que despedir a un empleado.
2. Un/a empleado/a explica sus acciones durante una evaluación.
3. Un/a gerente tiene que dar una advertencia a un/a empleado/a.

Repaso de gramática

The Subjunctive with Impersonal Expressions

Another group of phrases that require the subjunctive are impersonal expressions. As with the verbs of emotion, there must be two clauses, two subjects, and the conjunction **que** for the subjunctive to be used. If there is only one subject, an infinitive follows the impersonal expression.

Es necesario trabajar.
It's necessary to work. (one clause and one subject)

Es necesario que **Ud. trabaje.**
It's necessary that you work. (two clauses and two subjects)

The following is a list of impersonal expressions that require the subjunctive when all the above conditions are met.

es importante que	es posible/imposible que	es una lástima que
es interesante que	es bueno/malo que	es justo que
es preferible que	es ideal que	es lógico/ilógico que
es necesario que	es un error que	no es cierto que
es raro que	es una ventaja/	es dudoso que
es falso que	desventaja que	

However, the subjunctive is not used with impersonal expressions that convey certainty, such as **es cierto que, es verdad que, es seguro que, es obvio que,** etc.

Ejercicios

A. Obligaciones en el trabajo. Use los fragmentos a continuación para hacer frases completas. Use el subjuntivo.

Ejemplo: Es necesario que mis colegas hagan el trabajo.

es necesario		mis colegas...
es importante		el gerente...
es interesante	que	yo...
es raro		nosotros...
es preferible		el vicepresidente...

B. Sugerencias para trabajar mejor. Use los fragmentos para hacer frases describiendo lo que el empleado debe hacer para mejorar su trabajo.

Ejemplo: Es importante que llegue a la oficina a tiempo.

1. Es posible que...
2. Es bueno que...
3. Es ideal que...
4. Es una ventaja que...
5. Es justo que...

C. Descripciones. Use el vocabulario de este capítulo y el subjuntivo para escribir una evaluación de un/a empleado/a. Su evaluación debe tener por lo menos cinco oraciones.

Escribamos

Escriba unos consejos que el/la gerente le da a un/a empleado/a que no usa el tiempo de manera eficiente.

Una vez más

Antes de leer

1. Lea la primera frase del artículo y, sin continuar, escriba por lo menos tres predicciones de lo que va a decir el artículo. ¿Cómo han cambiado las empresas en el mundo?
2. Escriba el verbo asociado con los sustantivos siguientes. Después, dé una definición del sustantivo.
   a. el procedimiento
   b. el conocimiento
3. Escriba la raíz y una definición de estas palabras.

	raíz	**definición**
a. el automanejo	_____	_____
b. aclarar	_____	_____

A leer

Lea el artículo y conteste las preguntas siguientes.

Nuevos métodos de gerencia

Desde los años 70, las organizaciones de todo el mundo han ido cambiando sus estructuras tradicionales. Antes, lo único que ocupaban organizaciones tradicionales eran los cuerpos de sus empleados que realizaban un trabajo claramente definido sin hacer preguntas. De ese control total y escasa participación por parte de los empleados, se ha cambiado a un ambiente organizacional caracterizado por un mayor compromiso, personal altamente involucrado y prácticas de automanejo. Todo eso ocurrió a través de *empowerment*. El *empowerment* consiste en delegar autoridad en la toma de decisiones, a fin de permitir que el conocimiento y la experiencia de los empleados actúen en beneficio de la organización. Ahora, las organizaciones inteligentes requieren de empleados que puedan tomar decisiones y encontrar soluciones a los problemas que se les presenten, con una tendencia a la descentralización.

Para lograr lo anterior existen tres claves: compartir información, crear autonomía fijando límites y reemplazar la jerarquía a través de equipos autodirigidos. La primera clave es esencial para dar poder o facultades a personas y organizaciones. Al permitir a los empleados entender la situación en téminos claros, se genera confianza en toda la empresa. La segunda clave aclara las metas a través de la retroalimentación, ayuda a traducir la visión en papeles y metas, define los valores y reglas que sustentan las acciones deseadas, y desarrolla estructuras y procedimientos que dan poder a las personas. El sustento para el tercer factor radica en que los equipos facultados pueden hacer más que los tomadores individuales de decisiones.

Preguntas

1. ¿Cómo era la estructura de gerencia tradicional?
2. ¿Cómo ha cambiado esta estructura, según el artículo?
3. Nombre y describa las tres etapas de *empowerment*.
4. En su opinión, ¿cuáles son por lo menos tres ventajas de este sistema?

Discusión

👤👤 Hable con un/a compañero/a de clase de sus experiencias con *empowerment* en el trabajo. ¿Tienen los empleados en su compañía el derecho de tomar decisiones? ¿Es positivo el ambiente? ¿Qué debe cambiarse?

La carta de negocios

Lea la carta y úsela como ejemplo para escribir una carta para poner
en el archivo personal de un empleado que ha sido amonestado. Use
el vocabulario de este capítulo y el vocabulario asociado con las cartas
comerciales que ya aprendió.

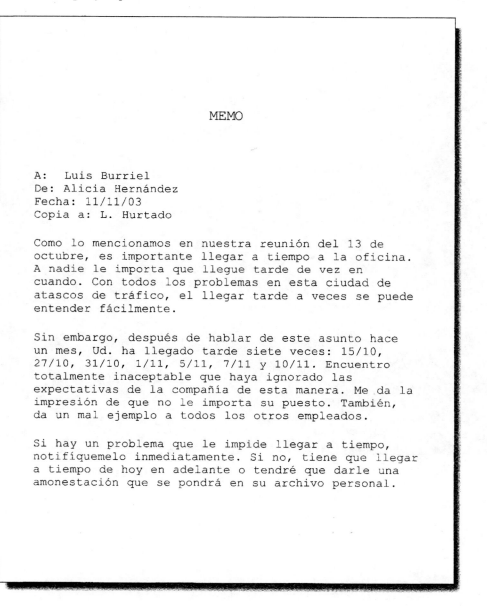

MEMO

A: Luis Burriel
De: Alicia Hernández
Fecha: 11/11/03
Copia a: L. Hurtado

Como lo mencionamos en nuestra reunión del 13 de
octubre, es importante llegar a tiempo a la oficina.
A nadie le importa que llegue tarde de vez en
cuando. Con todos los problemas en esta ciudad de
atascos de tráfico, el llegar tarde a veces se puede
entender fácilmente.

Sin embargo, después de hablar de este asunto hace
un mes, Ud. ha llegado tarde siete veces: 15/10,
27/10, 31/10, 1/11, 5/11, 7/11 y 10/11. Encuentro
totalmente inaceptable que haya ignorado las
expectativas de la compañía de esta manera. Me da la
impresión de que no le importa su puesto. También,
da un mal ejemplo a todos los otros empleados.

Si hay un problema que le impide llegar a tiempo,
notifíquemelo inmediatamente. Si no, tiene que llegar
a tiempo de hoy en adelante o tendré que darle una
amonestación que se pondrá en su archivo personal.

Panorama cultural

La Plaza de los Héroes en Asunción. Según lo que se ve en la foto, ¿cómo es la capital de Paraguay?

Lea la lectura y haga las actividades siguientes.

Mercosur

Mercosur es el mercado común del cono sur de Sudamérica. Sus países miembros son la Argentina, Paraguay, el Uruguay y el Brasil. Estos países tienen una población de más de 190 millones de personas y cubren más territorio que la Unión Europea. El Mercosur surgió de la ALALC (Asociación Latinoamericana de Libre Comercio) firmada en 1960 para tratar de establecer una zona de libre comercio y la ALADI

(Asociación Latinoamericana de Integración) creada en 1988 para establecer un mercado común. El Tratado de Mercosur fue firmado el 26 de marzo de 1991 en Asunción, Paraguay. Las metas de Mercosur son: 1) libre comercio de productos y servicios y la abolición de barreras arancelarias y 2) coordinación de políticas macroeconómicas de los países miembros. Los países miembros primero iniciaron zonas de libre comercio. Entonces unificaron sus políticas sobre aduanas. Finalmente, permitieron la transferencia de no sólo productos sino también de recursos humanos, servicios y capital. Bolivia es ya un miembro asociado de Mercosur, y países como Chile, Venezuela, Colombia y el Perú han expresado interés en asociarse con la alianza.

Actividades

Use el Internet para buscar información sobre los temas siguientes.

1. ¿Puede Ud. encontrar copias del Tratado de Mercosur u otra información sobre el tratado en el Internet?
2. ¿Puede encontrar unas páginas dedicadas al análisis del éxito de este tratado o de las economías de sus países miembros?
3. ¿Puede encontrar un artículo en una revista electrónica sobre los estilos de gerencia en el mundo hispanohablante?

Para encontrar esta información, use un buscador en español y palabras clave como "Mercosur", "Mercosur y análisis" y "gerencia" u hojee unas revistas electrónicas de negocios.

Vocabulario

Verbos asociados con la gerencia

dirigir	to direct	mandar	to order
crear	to create	hacer el horario/ el presupuesto	to make a schedule/ the budget
delegar	to delegate		
entregar	to turn in	tomar decisiones	to make decisions
(re)organizar	to (re)organize	escribir a máquina	to type
administrar	to administrate, administer	amonestar	to reprimand
		archivar	to file
avanzar	to advance	contestar el teléfono	to answer the phone
analizar	to analyze	arreglar citas/reuniones	to arrange meetings
coordinar	to coordinate	rendir un informe	to file a report
presentar	to present	calcular	to calculate
representar	to represent	encargarse de, responsabilizarse de	to assume responsibility for
capacitar, entrenar	to train		
pedir	to ask for, request	consultar	to consult

aprovecharse de	*to take advantage of*	seguro/a de sí mismo/a	*sure of oneself*
correr riesgos	*to take risks*	serio/a	*serious*
estar dispuesto/a	*to be willing to*	tenaz	*tenacious*
inspirar	*to inspire*	testarudo/a	*stubborn*
superarse	*to get ahead*		
llevar a cabo, realizar	*to accomplish, fulfill*		

Otras cualidades de los empleados

tener...	*to have...*
amplios conocimientos	*in-depth knowledge*
dominio de otros idiomas	*fluency in other languages*
don de mando	*ability to supervise*
don de gentes	*charisma, a way with people*
facilidad de palabra	*ability with words*
pasión por los retos	*passion for challenges*
pensar de una manera directa	*to think directly*
saber + *infinitive*	*to know how to...*
ser carismático/a	*to be charismatic*
compasivo/a	*compassionate*
hábil para + *infinitive*	*able to...*
listo/a	*smart*
paciente	*patient*
leal	*loyal*
comprensivo/a	*understanding*
trabajador/a	*hardworking*
respetuoso/a	*respectful*
brillante	*brilliant*

Other half of first list:

desarrollar	*to develop*
establecer	*to establish*
evaluar	*to evaluate*
guiar	*to guide*
desempeñar	*to carry out*
mantener	*to maintain*
identificar	*to identify*
mejorar	*to improve*
aumentar	*to increase*
influir en	*to influence*
iniciar	*to initiate*
motivar	*to motivate*
averiguar	*to find out, verify*
tener éxito	*to be successful*

Adjetivos para describir a los empleados

exigente	*demanding*
capaz	*capable*
capacitado/a	*trained*
cortés	*polite*
de confianza	*trustworthy*
de buen/mal genio	*good/bad natured*
(des)organizado/a	*(dis)organized*
emprendedor/a	*self-starting, ambitious*
flojo/a, perezoso/a	*lazy*
honrado/a, honesto/a	*honest*
íntegro/a	*honorable*
imaginativo/a	*imaginitive*
puntual	*punctual*
razonable	*reasonable*

Verbos asociados con los empleados

alcanzar metas	*to achieve goals*
buscar recursos	*to look for resources*
cumplir con responsabilidades	*to fulfill one´s responsibilities*
enfocarse en los detalles	*to focus on details*
estar dispuesto/a a	*to be willing to*
expresar gratitud	*to express gratitude*
mostrar entusiasmo	*to show enthusiasm*
reconocer errores	*to recognize mistakes*
trabajar con empeño	*to work with tenacity*
trabajar en equipo	*to work as a team*

CAPÍTULO 6

Importación y exportación

Anticipemos

¿Sabe Ud. cuáles son los productos que los Estados Unidos y el Canadá importan y exportan?

¿Cuáles son los productos más rentables de exportar?

¿Qué exportan los países hispanohablantes?

¿Hay barreras arancelarias entre los Estados Unidos, el Canadá y los países hispanohablantes?

Antes de empezar el capítulo, repase el vocabulario al final del capítulo.

Paso 1

Empecemos

Importación y exportación

Alicia describe el proceso de importación y exportación.

Alicia: Tal vez el aspecto más difícil de importar es el de encontrar información sobre los abastecedores. Sin embargo, hay muchas maneras de obtener información sobre los abastecedores de los productos que se quiere importar. La manera más común es la de consultar la *Guía de comerciantes y fabricantes* publicada dos veces por año. Se encuentra en las bibliotecas públicas. También se puede hablar con representantes en ferias comerciales, organizaciones de fabricantes o los consulados extranjeros. Muchos países, como por ejemplo, Venezuela, Bolivia y Chile, tienen una AMCHAM (*American Chamber of Commerce*/Cámara de comercio de los Estados Unidos) con páginas Web que proveen los nombres de contactos locales. Después de identificar a los abastecedores que tienen los productos que se necesitan, el proceso de importar es relativamente fácil. Primero, hay que pedir catálogos de sus mercancías y una cotización de precios. Segundo, se pueden pedir muestras de los productos que le interesan. Luego, se tendrá que consultar un embarcador de aduana que puede proveer información sobre barreras arancelarias y aranceles normales o preferenciales. También se debe consultar un embarcador de carga que pueda arreglar la transportación de sus productos. Después de identificar un mercado para los productos que se van a importar, se debe pedir que el abastecedor le pase factura pro forma. La factura pro forma es una cotización formal de los precios que se han pedido. Cuando se recibe la factura, se confirman los precios, las cantidades, la regularidad y el costo de envío y los métodos de pago. Antes de recibir los productos, asegúrese de tener capacidad de almacenaje.

Preguntas

1. En su experiencia, ¿cuáles son unos de los productos que los Estados Unidos y el Canadá importan de países hispanohablantes?
2. ¿Qué ventajas y desventajas encuentra Ud. con la importación de productos?
3. ¿Cómo se puede encontrar información sobre abastecedores?
4. Describa el proceso de hacer un pedido.
5. ¿Con quién se necesita consultar cuando se quiere importar mercadería y para qué?
6. ¿Por qué se necesita una factura pro forma?

Charlemos un poco

A. Recomendaciones. Escuche mientras su profesor/a describe unos problemas que tiene un comerciante. Luego, identifique lo que Ud. recomienda que el comerciante haga en cada caso.

Ejemplo: Estamos sufriendo de una escasez de materias primas.

Recomiendo que el minorista hable con un abastecedor de materias primas.

1. _____
2. _____
3. _____
4. _____
5. _____

B. Definiciones. Dé una definición de las profesiones siguientes usando el vocabulario de este capítulo u otro vocabulario que ya sabe.

> *Ejemplo:* el/la exportador/a
>
> > Una persona que vende productos a países extranjeros.

1. el/la detallista
2. el/la mayorista
3. el/la abastecedor/a
4. el/la intermediario/a
5. el/la embarcador/a de carga

C. Solicitamos su opinión. Hable con un/a compañero/a de clase de los temas siguientes.

1. ¿Qué opina Ud. de las barreras arancelarias? ¿Por qué hay barreras arancelarias? ¿Contra qué países hay barreras arancelarias impuestas por nuestro país? ¿Son justas? ¿Son eficaces?
2. ¿Qué opina Ud. de los aranceles preferenciales? ¿Son justos?
3. ¿Qué opina Ud. sobre los pactos comerciales? ¿Cuáles son unos ejemplos de pactos comerciales que tiene los Estados Unidos con otros países? ¿Cuáles son algunos resultados de los pactos comerciales entre los Estados Unidos y otros países?

Entrevista

La gerente nueva quiere saber más sobre las implicaciones del TLC/NAFTA (Tratado de Libre Comercio entre México, los Estados Unidos y el Canadá).

Primera etapa: Escriba por lo menos cinco preguntas para obtener información sobre aranceles, cambios esperados en el lugar de producción, cambios esperados en la oferta y la demanda, cambios esperados en los precios de los productos, etc.

Segunda etapa: Use las preguntas para entrevistar a un/a compañero/a de clase. Anote sus respuestas.

Tercera etapa: Escriba un párrafo que resume toda la información que obtuvo durante la entrevista. Puede usar las frases siguientes.

> Por esta razón, parece lógico/es dudoso...
> *For this reason, it seems logical/it is doubtful...*
>
> Es de suma importancia, por lo tanto, tratar de...
> *It is of utmost importance, therefore, to try to...*
>
> De aquí se deduce que...
> *From this we see that...*

Cuarta etapa: Preséntele esta información a la clase.

Situaciones

En grupos de dos o tres compañeros de clase, representen una de las situaciones siguientes. Usen el vocabulario de este capítulo.

1. Dos empleados/as hablan de las ventajas y desventajas de contratar a un intermediario para comprar a mayorista.
2. Dos empleados/as hablan de los problemas que se enfrentan al entrar en el mundo de la importación.
3. Dos empleados/as tratan de negociar un acuerdo para importar productos.

Repaso de gramática

The Subjunctive in Adjective Clauses

The subjunctive is used in ways that go beyond the phrases covered in **Capítulo 5**. For example, when describing a person, place, thing, or idea that may not exist or whose existence is doubtful or uncertain, the subjunctive is needed. In addition, when asking about a person, place, thing, or idea that definitely does not exist, the subjunctive is also needed.

Busco a la secretaria que **tiene** amplios conocimientos de computación.
I'm looking for the secretary that has vast knowledge of computer science. (implies she does exist)

Busco una secretaria que **tenga** amplios conocimientos de computación.
I'm looking for a secretary that has vast knowledge of computer science. (implies she may not exist)

Hay un agente que **habla** cuatro idiomas.
There is an agent that speaks four languages. (assertion)

¿Hay un agente que **hable** cuatro idiomas?
Is there an agent that speaks four languages? (doubt, uncertainty)

No hay ningún agente que **hable** cuatro idiomas.
There isn't any agent that speaks four languages. (nonexistence)

Ejercicios

A. **¿A quién busca Ud.?** Use las palabras para hacer cinco oraciones con el subjuntivo.

> *Ejemplo:* Busco un abastecedor que me pueda ayudar.
>
> No es que no haya un abastecedor; es sólo que no lo puedo encontrar.

Busco	un mayorista	
Necesito	un intermediario	que...
No hay	un proveedor	
Quiero		
¿Hay...?		

B. **Descripciones.** Descríbale a su colega lo que Ud. quiere en cada caso.

> *Ejemplo:* Quiero un aspirante que sea bien entrenado.

1. un/a gerente
2. un sueldo
3. un horario
4. un ambiente
5. una compañía

C. **Más descripciones.** A continuación hay una lista de productos que la compañía quiere importar. El agente de importación habla con una representante que describe específicamente lo que quiere. ¿Qué dice ella en cada caso?

> *Ejemplo:* Busco artesanías que sean bonitas y originales.

1. aparatos electrónicos
2. muebles
3. farmacéuticos
4. herramientas
5. medicamentos
6. maquinaria

Escribamos

Use el vocabulario de este capítulo para escribir un párrafo que describe lo que hay que saber para ser gerente de importación.

Paso 2

Empecemos

Pedidos

Alicia habla con un abastecedor sobre un pedido.

Abastecedor: Buenos días, Sra. Hernández. Pase y tome asiento.

Alicia: Buenos días. Tengo algunas preguntas sobre la cotización y las muestras.

Abastecedor: Bueno, ¿en qué puedo servirle?

Alicia: Me gustaría saber más de los descuentos que puede ofrecernos.

Abastecedor: Pues, en un pedido tan grande podemos ofrecer un descuento del 40 por ciento del precio marcado.

Alicia: ¿Y cuáles son las condiciones de pago?

Abastecedor: Las de costumbre en la plaza, 2/30, n/90 o sea, ofrecemos un descuento de dos por ciento si recibimos pago dentro de treinta días y hay que pagar dentro de noventa días.

Alicia: ¿Se puede comprar a crédito?

Abastecedor: Actualmente sólo operamos contra carta de crédito o letra de cambio a la vista.

Alicia: Está bien, tenemos crédito bancario aquí en la Argentina.

Abastecedor: Muy bien, entonces debemos hablar de la regularidad de envío. ¿Prefiere envío mensual o semestral?

Alicia: Preferimos envío semestral. Mi secretaria puede darle la dirección de nuestro embarcador de carga. También, será necesario someter una factura pro forma a las autoridades para que concedan permiso de importación.

Abastecedor: Tengo que hacerle una pregunta más sobre el envío. ¿Prefiere Ud. envío a los precios C.I.F. o F.O.B.? Los precios C.I.F. incluyen el precio de los productos, seguros y el envío normal. Los precios F.O.B. incluyen el precio del producto, envío normal y el precio que carga la empresa de transportes.

Alicia:	Ya que los productos son frágiles, necesitamos seguros. Así que necesitamos los precios c.i.f.
Abastecedor:	Pues, tenemos todo lo que necesitamos. Enviaremos su pedido tan pronto como recibamos confirmación de su crédito del banco. Muchas gracias.
Alicia:	Gracias a Ud.

Preguntas

1. Cuando una empresa quiere importar productos, ¿qué opciones hay que considerar?
2. Para esta tramitación, ¿qué información quiere Alicia?
3. ¿Qué tipos de descuentos ofrece el abastecedor?
4. ¿En qué otros negocios se puede obtener descuento por comprar en cantidad?
5. ¿Acepta crédito el abastecedor?
6. ¿Qué tipo de envío prefiere Alicia? ¿Por qué?

Charlemos un poco

A. Fuera de lugar. Escuche mientras su profesor/a lee una lista de palabras. En cada caso indique qué palabra no pertenece al grupo.

1. _____   4. _____

2. _____   5. _____

3. _____

B. Asociaciones. Escuche mientras su profesor/a lee tipos de embalaje o unidad. En cada caso dé por lo menos tres productos que se compran en este tipo de envase o unidad.

1. _____

2. _____

3. _____

4. _____

5. _____

C. Definiciones. Dé una definición de las palabras siguientes.

1. facilidades de pago
2. el envío
3. la muestra
4. la cotización de precios
5. el precio de compra/venta

Entrevista

👤👤 Alicia habla con un agente de importación para pedir información antes de hacer un pedido.

Primera etapa: Escriba por lo menos cinco preguntas para obtener información sobre la cotización de precios, el costo de envío, las muestras, etc.

Segunda etapa: Use las preguntas para entrevistar a un/a compañero/a de clase. Anote sus respuestas.

Tercera etapa: Escriba un párrafo que resume toda la información que obtuvo durante la entrevista. Puede usar las palabras y frases siguientes.

También es importante señalar...
It is also important to point out...

por lo común
commonly, usually

es decir, o sea
that is to say

al contrario
on the contrary

Cuarta etapa: Preséntele esta información a la clase.

Situaciones

👤👤👤 En grupos de dos o tres compañeros de clase, representen una de las situaciones siguientes. Usen el vocabulario de este capítulo.

1. El/La agente y un/a cliente hablan de las muestras.
2. El/La agente y un/a cliente hablan de la estructuración de precios, el costo de envío y los aranceles.
3. Un/a comerciante hace un pedido y habla con dos abastecedores de envase y cantidades de productos.

Repaso de gramática

The Subjunctive in Adverbial Clauses

A. Adverbial clauses are used to describe future events that depend on other events. The following conjunctions always take the subjunctive.

antes de que	*before*
a menos que	*unless*
con tal de que	*provided that*
para que	*so that, in order that*

Antes de que salgas, quiero hablar contigo.

Pido una computadora nueva **para que el trabajo sea** más fácil.

B. The following conjunctions require the subjunctive only when the indicative clause is in the future tense or indicates future time.

después de que	*after*
hasta que	*until*
cuando	*when*
en cuanto	*as soon as*
tan pronto como	*as soon as*

Terminaremos el proyecto **en cuanto tú regreses** de México.

No podré enviar este documento **hasta que** el presidente lo **firme.**

Ayer no empecé a trabajar **hasta que** el jefe **llegó.**

Hoy no empezaré a trabajar **hasta que** el jefe **llegue.**

Ejercicios

A. Acusamos recibo. Complete la carta con la forma apropiada del subjuntivo.

Tenemos el gusto de acusar recibo de su pedido de fecha 2 de abril de cuyo contenido hemos tomado debida nota. Para que
(1.)_____ (poder) llenar este pedido, necesitamos lo siguiente: el pago inicial y el formulario de crédito. Tan pronto como
(2.)_____ (recibir) el pago inicial, podremos enviar la primera cantidad de mercancías. A menos que nos (3.)_____ (enviar) Ud. el formulario, no podremos completar la orden. Con tal de que Ud. nos (4.)_____ (mandar) toda la información necesaria para el primero de mayo, podremos ofrecerle un descuento del 10%.

B. **¿Bajo qué condiciones?** Combine el vocabulario en las columnas A y B con expresiones propias para formar cinco oraciones.

Ejemplo: Lo hago para que Uds. entiendan mejor las reglas.

A	**B**
Lo hago	para que...
Esperaré	hasta que...
Lo diré	con tal de que...
¿ ?	a menos que...
	tan pronto como...
	cuando...

C. **Descripciones.** Escriba un párrafo usando las expresiones siguientes para explicarle a su cliente bajo qué condiciones puede ofrecerle un arancel preferencial.

con tal de que   tan pronto como   a menos que
cuando   hasta que

Escribamos

Escriba un pedido de un producto que su compañía necesita importar.

Paso 3

Empecemos

Quejas

La secretaria de Alicia habla con un mayorista sobre una queja.

Abastecedor: Buenos días, ¿en qué puedo servirle?

Liliana: Buenos días. Tenemos unas quejas sobre nuestro último pedido. Quiero hacer un reclamo por desperfectos.

Abastecedor: ¿Puede Ud. describirme los detalles del problema?

Liliana: Claro. Tuvimos dos pedidos. El primer pedido fue de computadoras. Debido a mal empaque, llegaron rotas. Las que llegaron intactas estaban defectuosas. No funcionaron.

Abastecedor: ¿Y el otro pedido?

Liliana:	Llegó incompleto y además llegó dos meses tarde.
Abastecedor:	¿Puede indicarme qué productos de su factura no recibió?
Liliana:	Los he marcado en rojo para que los note con claridad.
Abastecedor:	Gracias. Será útil para la reclamación. ¿Y qué podemos hacer para resolver estos problemas?
Liliana:	Pues, queremos pedir sustitución para las computadoras del primer pedido. ¿Pueden Uds. enviarlas hoy? Las necesitamos inmediatamente.
Abastecedor:	Sí, claro.
Liliana:	Y para el segundo pedido solamente queremos un reembolso. Ya no necesitamos sus productos porque tuvimos que encontrar otro abastecedor.
Abastecedor:	Muy bien, señora. Llene estos formularios y los procesaremos inmediatamente. Siento que haya experimentado tantos problemas.

Preguntas

1. ¿Ha estado Ud. en una situación similar a la descripta? ¿Qué hizo Ud.?
2. ¿Qué puede hacer para prevenir problemas con los pedidos?
3. En este caso, ¿qué problemas tiene la empresa con el primer pedido?
4. ¿Qué problema tiene con el segundo?
5. ¿Qué causó estos problemas?
6. ¿Qué quiere hacer Liliana para resolver estos problemas?
7. Después de todos los problemas, ¿hará Alicia más pedidos con esta compañía? Explique.

Charlemos un poco

A. **Definiciones.** Escuche mientras su profesor/a lee definiciones de palabras. En cada caso identifique la palabra que define.

1. _____
2. _____
3. _____
4. _____
5. _____

B. Palabras y frases. Escriba una frase usando cada una de las palabras siguientes.

1. defectuoso
2. la anulación
3. la fecha de vencimiento
4. la queja
5. el reclamo

C. Solicitamos su opinión. Hable con un/a compañero/a de clase sobre los temas siguientes.

1. En su experiencia, ¿es común tener problemas con los envíos? Describa un problema que tuvo Ud. y cómo Ud. lo resolvió.
2. ¿Cree Ud. que problemas con envíos serían más/menos comunes en un tipo de negocio en particular? ¿Cuál? ¿Por qué?
3. Describa unas razones por las que hay problemas con los envíos. ¿Qué factores influyen estos problemas?
4. ¿Qué debe hacer Ud. para prevenir problemas con los envíos? Mencione y describa por lo menos tres ideas.

Entrevista

Un agente habla con Alicia sobre una queja.

Primera etapa: Escriba por lo menos cinco preguntas para obtener información. Puede pedir una descripción del problema, las causas del problema, sugerencias para resolverlo, etc.

Segunda etapa: Use las preguntas para entrevistar a un/a compañero/a de clase. Anote sus respuestas.

Tercera etapa: Escriba un párrafo que resume toda la información que obtuvo durante la entrevista. Puede usar las palabras y frases siguientes.

Según quedó explicado...
As was explained...

En último término...
In the last analysis...

Queda demostrada claramente la necesidad de...
It is clear that what needs to be done is...

Cuarta etapa: Preséntele esta información a la clase.

Situaciones

👥👥 En grupos de dos o tres compañeros de clase, representen una de las situaciones siguientes. Usen el vocabulario de este capítulo.

1. El/La agente y un/a cliente hablan de un pedido incompleto.
2. El/La agente y un/a cliente hablan de problemas causados por mal empaque.
3. El/La agente pide clarificación de algo en el pedido que no está claro.

Repaso de gramática

Additional practice on the Subjunctive

To review the subjunctive, please refer to the grammar explanations in **Capítulo 5, Pasos 1-3** and **Capítulo 6, Pasos 1-2.**

Ejercicios

A. Dudas y sugerencias. Use las palabras a continuación y el vocabulario de este capítulo para escribir por lo menos cinco oraciones.

yo	insistir	
la secretaria	sugerir	
el jefe y yo	estar enojado/a(s)	que...
los empleados	dudar	
tú	no creer	

B. Discúlpenos, pero... Use la lista a continuación y el vocabulario de este capítulo para escribir una carta a un cliente para informarle de la imposibilidad de surtir su pedido.

sentir	dudar	lamentar
agradecer	tan pronto como	con tal de que

C. No acusamos recibo. Use la lista a continuación y el vocabulario de este capítulo para escribir una carta para informarle a su cliente que no ha recibido su pago.

insistir en	es importante	a menos que
exigir	es preciso	con tal de que

Escribamos

Escriba una carta para hacer un reclamo por mala calidad y pedir reembolso.

Una vez más

Antes de leer

1. Lea el título de este artículo y escriba por lo menos tres predicciones sobre su tema central.
2. Escriba la raíz de las palabras siguientes y entonces úselas en una frase original.

	raíz	frase original
a. la exportadora	_____	_____
b. asentado	_____	_____

3. Escriba el verbo asociado con las palabras siguientes y entonces escriba una definición de las palabras.

	verbo	definición
a. el crecimiento	_____	_____
b. el agotamiento	_____	_____

A leer

Lea el artículo con cuidado y conteste las preguntas siguientes.

La exportación en Valencia sufre altibajos

El 2001 permanecerá por algún tiempo en la memoria como el año de «España va bien». Pero cada historia tiene dos lados. En la Comunidad Valenciana, respecto a la economía en general y especialmente en el empleo y el crecimiento de la renta e inversión, la situación es muy positiva. El empleo está al nivel más alto de esta década y tal vez este factor explica que la inversión individual está a un nivel que fomenta el crecimiento económico en la región.

A pesar de eso, el déficit público y la exportación sufren. Este año ha sido el segundo peor de la década porque se perdió siete puntos de cuota exportadora. En 1986 las exportaciones valencianas rozaron el récord histórico alcanzado en 1977, cuando la cuota respecto del total español fue del 19 por ciento; pero durante 2001 el peso de la exportación valenciana sobre el total español fue del 12 por ciento. Se explica este descenso de las siguientes maneras. Primero, en los 70, dos compañías extranjeras, IBM y Ford, establecieron fábricas en Valencia. La fuerza exportadora inicial de IBM y Ford explican que el peso exportador de la Comunidad Valenciana respecto al total español durante los años 70 ganara seis puntos. Una vez asentado ese efecto, el crecimiento ha sido inferior a la media española y valenciana. Segundo, hubo este año unos cambios de la estructura de las exportaciones valencianas. Finalmente, algunos de los sectores de negocios españoles que tradicionalmente son fuertes están dando síntomas de agotamiento y precisan profundas reformas.

Preguntas

1. ¿Cuáles son los aspectos positivos de la economía valenciana en el año 2001?
2. ¿Cuáles son los aspectos negativos?
3. ¿Qué empresas influyen más en la fuerza exportadora de la Comunidad de Valencia?
4. ¿Cómo se puede explicar el descenso en la exportación?

Discusión

👥👥 Hablen en grupos sobre los productos de exportación e importación más importantes del mundo hispanohablante. ¿Saben Uds. qué productos son los más importantes de cada país?

La carta de negocios

Lea la carta siguiente y úsela como modelo para escribir una carta explicando que se necesita más información antes de mandar el pedido y para solicitar instrucciones de envío. Use el vocabulario de este capítulo y el vocabulario que se asocia con las cartas comerciales que ya aprendió.

23/3/02

Estimados señores:

Tenemos el gusto de acusar recibo de su pedido de fecha 2 de marzo, de cuyo contenido hemos tomado debida nota. Le damos nuestras más cumplidas gracias por este pedido.

Lamentamos informarle que hemos suspendido la venta de los productos que nos solicita y por eso nos es imposible hacerle su envío como serían nuestros deseos. En sustitución podemos ofrecerle al mismo precio la versión nueva de este programa.

Quedamos en espera de sus instrucciones y nos repetimos sus atentos servidores.

Roberto Solórzano

Roberto Solórzano

Panorama cultural

Un gaucho con su ganado en las pampas argentinas. ¿Cómo será la vida de un gaucho? ¿romántica? ¿dura? ¿tranquila?

Lea la lectura y haga las actividades siguientes.

Los países de Mercosur

Los tres países hispanohablantes asociados con el Mercosur son la Argentina, el Uruguay y Paraguay. La Argentina tiene recursos naturales muy importantes (plomo, estaño, cobre, hierro, petróleo y uranio) y una población con un nivel alto de alfabetismo (96%). Los productos de exportación más importantes son agrícolo-ganaderos: la carne, el trigo y el maíz. Después de una década de mala administración, deuda externa enorme e inflación alta en los 80, desde 1989 el gobierno inició un programa de reestructuración que resultó en estabilidad económica. En los 90 la tasa de inflación estaba a 0,3%, el nivel más bajo de todos los países hispanohablantes. Desgraciadamente, al principio del siglo XXI, la Argentina volvió a sufrir de dificultades económicas.

Las economías de los otros países del Mercosur también sufren dificultades. La economía del Uruguay se basa en la agricultura y la energía hidroeléctrica. Su economía depende excesivamente del comercio con la Argentina y el Brasil, y el gobierno regula demasiado la economía. Por eso, el país sufre de una tasa de inflación del 15% y una tasa de desempleo del 10%.

Paraguay exporta una cantidad significativa de bienes de consumo a sus países vecinos (productos electrónicos, alcohol, perfumes y cigarrillos). También produce energía hidroeléctrica. Sin embargo, la mayoría de la población, 95% de mestizos, trabaja en el sector agrícola y viven con lo justo para subsistir.

Actividades

Use el Internet para buscar información sobre los temas siguientes.

1. ¿Qué información puede encontrar en el Internet sobre la economía de Chile y Bolivia? ¿Cuáles son algunas de sus regiones de importancia económica y qué producen? ¿Qué han hecho los gobiernos de estos países recientemente para mejorar la economía?

2. ¿Puede Ud. encontrar unas páginas Web en español dedicadas a un estudio de la economía en países hispanohablantes? ¿Cuáles son sus direcciones? ¿Qué información incluyen? Para encontrar esta información, use un buscador en español y palabras clave como "Chile y economía", los nombres de ciudades en los países y "revistas y economía".

Vocabulario

Personas asociadas con la exportación

el/la detallista, el/la minorista	*retailer*
el/la mayorista	*wholesaler*
el/la abastecedor/a, el/la proveedor/a	*supplier*
el/la intermediario/a	*intermediary*
el/la embarcador/a de carga	*shipper*
el/la embarcador/a de aduana	*customs agent*

Sustantivos asociados con la exportación

la importación	*importing*
la exportación	*exporting*
la aduana	*customs*
el arancel normal/ preferencial	*normal/preferential tariff*
las barreras arancelarias	*customs barriers*
el pacto comercial	*commercial pact*
la compraventa	*buying and selling*
el pedido	*order*

el reclamo	complaint, claim	los fármacos, los farmacéuticos	drugs
la demora	delay	el medicamento	medicine
la fecha de vencimiento	due date; expiration date	los muebles	furniture
el reembolso	reimbursement	las herramientas	tools
la devolución	return	la maquinaria	machinery
la anulación	cancelation	el vehículo	vehicle
el ajuste	adjustment	la tela	cloth
la muestra	sample	el combustible	fuel
la marca	brand	las artesanías	handicrafts
la marca de fábrica	trade name	la tecnología	technology
el inventario	inventory		

Unidades

el almacén	warehouse	la docena	dozen
el almacenaje	storage	el litro	liter
la cotización de precios	pricing	el galón	gallon
la estructuración de precios	price structuring	el gramo	gram
el precio de compra	buying price	la onza	ounce
el precio de venta	selling price	la libra	pound
el aumento de precio	price increase	la tonelada	ton
el convenio, el cometido, el acuerdo	agreement	el kilo	kilo

Los envases

el costo	cost	la bolsa	bag
la regularidad de envío	shipping frequency	la botella	bottle
semanal	weekly	la caja, el cajón	box
mensual	monthly	el frasco	glass jar
semestral	every six months	la lata	can
anual	anually	el saco	sack, bag
el costo de envío	shipping cost	el contenedor	container
la demanda	demand	el empaque	packaging
la/s mercancía/s	merchandise		

La entrega

los recursos	resources	el envío	shipping
la capacidad productora	manufacturing capacity	el pago	payment
		las facilidades de pago	methods of payment
el patrón de consumo	customer/ consumer patterns	las de costumbre en la plaza	market value
el seguro	insurance	el descuento por pronto pago	discount for prompt payment

Los productos

la materia prima	raw material	el seguro	insurance
los alimentos	foodstuffs		

la factura	invoice
el flete	freight
el transporte	transport
por vía aérea/ marítima/terrestre/ ferroviaria	by air/sea/land/ train

Adjetivos asociados con la exportación

averiado/a	damaged
roto/a	broken
contaminado/a	contaminated
descolorido/a	discolored
descongelado/a	defrosted
derretido/a	melted
rancio/a	rancid
manchado/a	stained
mojado/a	damp
equivocado/a	wrong
defectuoso/a	defective
incompleto/a	incomplete
agotado/a	out of stock

Verbos asociados con la exportación

solicitar una cotización de precios/muestras	to ask for a price list/ samples
hacer un pedido	to place an order

acusar recibo	to acknowledge receipt
hacer un reclamo por demoras por desperfectos por mal empaque por mala calidad	to make a claim for lateness for imperfections for packing damages for poor quality
pedir sustitución/ reembolso	to ask for a replacement/ reimbursement
fabricar, producir	to produce
entregar	to deliver
enviar	to ship
envasar, empacar	to package
reclamar	to claim
exportar	to export
importar	to import
equivocar	to make a mistake
devolver	to return
reembolsar	to reimburse
revisar	to check
comprar a granel	to buy in bulk
surtir, abastecer	to supply

La economía

Anticipemos

¿Qué factores afectan a la economía de los Estados Unidos y el Canadá? ¿Cómo la afectan?

¿Cómo le afecta a Ud. personalmente la inflación? ¿y la tasa de interés?

¿Cómo puede el gobierno contribuir a la economía de un país?

¿Cuáles son los países hispanohablantes con las economías más fuertes? ¿Por qué son fuertes?

Antes de empezar el capítulo, repase el vocabulario al final del capítulo.

Paso 1

Empecemos

La economía

Alicia es invitada a presentar una ponencia en la Facultad de Ciencias Económicas de su alma mater. A continuación se transcribe el texto.

La economía es una ciencia social dedicada al estudio de métodos para analizar cómo los seres humanos toman decisiones entre opciones limitadas. Así se puede referir a una gama amplia de temas tales como el estudio de negocios e inversiones o inflación y desempleo. Generalmente, se divide la economía en dos categorías de estudio: la microeconomía y la macroeconomía. La microeconomía estudia al consumidor como individuo y otros factores individuales que influyen en la economía como, por ejemplo, negocios individuales, agencias del gobierno, etc. La microeconomía estudia cómo estos individuos toman decisiones y las consecuencias de estas decisiones. La macroeconomía se enfoca en la economía en su totalidad. Una teoría económica, entonces, explica fenómenos económicos como, por ejemplo, la tasa de inflación.

Hay una variedad de sistemas económicos. Generalmente, se refiere a tres sistemas económicos: la economía de mercado, la economía por mandato y la economía mixta. Las diferencias se basan en quién controla los medios de producción y la actividad económica. Bajo la economía de mercado, los recursos de producción están en manos privadas. La toma de decisiones está en manos de individuos y negocios privados. Estos individuos toman decisiones basadas en sus propios intereses para obtener el máximo posible de renta. Cuando pensamos en economías de mercado, pensamos también en ciertos sistemas políticos como el capitalismo. Sin embargo, el capitalismo puro, de puro libre mercado, no existe.

Al otro extremo, está la economía por mandato. Bajo este sistema, los recursos de producción están en manos del pueblo o del Estado. Cada industria tiene una junta directiva que decide cuánto va a producir, dónde va a distribuirlo, quiénes y cuántos van a participar en la producción, cuánto costará, etc. El comunismo puro sería una economía por mandato si existiera. El socialismo, que sí existe en países como China y Cuba, es también una economía por mandato aunque no sea totalmente autoritaria.

No hay ningún país en el mundo que tenga una economía de libre mercado o por mandato. Todas las economías del mundo son economías mixtas. En una economía mixta el sector privado y el Estado tienen un papel en la toma de decisiones y el control de los medios de producción. ¿Cuáles son algunos factores en que el Estado puede influir? Primero, se considera la responsabilidad del Estado proveer unos bienes y servicios públicos tales como la construcción de autopistas, bibliotecas, parques nacionales y estatales, el mantenimiento de cuerpos de bomberos y policía, y la educación pública. Es también la responsabilidad del Estado establecer leyes para corregir externalidades negativas. Algunas externalidades negativas son las acciones de individuos que pueden perjudicar a otros. Así el Estado establece reglamentos para proteger el medio ambiente, para prohibir el monopolio y para proteger al individuo por medio de sueldos mínimos y condiciones de trabajo. El Estado también tiene la responsabilidad de la redistribución de la renta para proveer asistencia pública. Las transferencias son pagos por parte del gobierno en las que no hay cambio de servicios. Hay dos tipos de transferencia: transferencias en efectivo —como el Sistema de Seguridad Social de los Estados Unidos y el Canadá y transferencias en especie, donde el Estado provee servicios como cupones o asistencia médica.

Para pagar los servicios que provee el gobierno, los ciudadanos tienen que pagar impuestos. Según las teorías económicas, para ser justo y para no afectar negativamente la economía, el Estado debe seguir tres principios cuando impone impuestos: el principio del beneficio, el principio de capacidad de pago y el principio de menos probable ofender. El principio del beneficio dice que los que se benefician del servicio deben pagar el impuesto. El principio de capacidad de pago dice que los que tienen más dinero deben pagar más proporcionalmente. El principio de menos probable de ofender dice que es más fácil imponer impuestos sobre productos de lujo o sobre productos que solamente parte de la población compra —por ejemplo, alcohol y cigarrillos—, porque así la mayoría del público no notará el impuesto.

Preguntas

1. ¿Ha tomado Ud. una clase de economía? ¿Qué temas cubrió el/la profesor/a?
2. ¿Hay diferencias entre los actitudes de personas en los Estados Unidos y el Canadá y personas en países hispanohablantes hacia el comunismo? Explique.
3. ¿Qué estudian los economistas?
4. ¿Qué categorías de economías hay?
5. ¿Cuáles son los tres sistemas económicos?
6. ¿Qué papel puede tener el Estado en el desarrollo de la economía de un país?
7. ¿Qué tres principios debe seguir el Estado cuando impone impuestos?

Charlemos un poco

A. Definiciones. Escuche mientras su profesor/a lee unas definiciones. En cada caso escriba la palabra que se define.

1. _____   4. _____

2. _____   5. _____

3. _____

B. Preguntas. Conteste las preguntas siguientes.

1. ¿Cuál es la diferencia entre el capitalismo, el socialismo y el comunismo?
2. ¿Cuál es la relación entre la competencia y el precio de productos?
3. ¿Cuáles son unos bienes y servicios que provee el Estado?
4. ¿Cuáles son algunos métodos que el Estado emplea para la redistribución de rentas?

C. Solicitamos su opinión. Con un/a compañero/a de clase, hable de los siguientes temas.

1. ¿Por qué es imposible tener comunismo o capitalismo puro?
2. ¿Cuál es mejor, un mercado más libre o un mercado más autoritario? ¿Por qué?
3. A veces los individuos piensan que el Estado ha hecho demasiado para corregir externalidades negativas. ¿Puede Ud. dar unos ejemplos?
4. ¿Cómo puede ser buena y mala la competencia?
5. ¿Es justo el principio de menos probable de ofender?

Entrevista

Su compañero/a de clase va a hacer el papel de un/a economista de España, México, la Argentina, Bolivia o Cuba. Haga preguntas sobre la economía del país que escoge y para averiguar de qué país es.

Primera etapa: Escriba por lo menos cinco preguntas para obtener información sobre qué tipo de economía tiene el país, los productos del país, el control sobre los medios de produccion, los servicios que provee el gobierno etc.

Segunda etapa: Use las preguntas que entrevistar a su compañero/a de clase. Anote sus respuestas.

Tercera etapa: Escriba un párrafo que resume toda la información que obtuvo durante la entrevista. Puede usar las frases siguientes.

por ejemplo	*for example*
como lo prueba el caso de...	*as... proves*
en cambio	*on the other hand*

Cuarta etapa: Preséntele esta información a la clase y adivine qué país representó su compañero/a.

Situaciones

En grupos de dos o tres compañeros de clase, representen una de las situaciones siguientes. Usen el vocabulario de este capítulo.

1. Su compañía quiere hacer negocios en Cuba. Hablen de las diferencias o los problemas que enfrentará.
2. Dos empleados/as hablan sobre cómo unas nuevas leyes que el gobierno acaba de imponer van a afectar a la producción de la compañía.

3. Dos empleados/as hablan de cómo la competencia entre su compañía y una nueva compañía va a afectar a las ventas de su compañía y lo que pueden hacer para evitar pérdidas en el mercado.

Repaso de gramática

The Present Perfect Tense

A. To form the present perfect tense, first it is necessary to learn the conjugation of the verb **haber** (the helping verb "to have") and then the formation of past participles. The conjugation of **haber** for the present perfect tense is as follows.

haber	
yo he	nosotros/as hemos
tú has	vosotros/as habéis
él/ella/Ud. ha	ellos/ellas/Uds. han

B. To form the past participle, simply add the appropriate ending to the stem of the verb: **-ado** for **-ar** verbs and **-ido** for **-er/-ir** verbs.

-ar verbs	**-er/-ir** verbs
buscado	sido
reciclado	prohibido
echado	restringido

Nuestra empresa **ha promovido** buenas relaciones hacia los clientes extranjeros.
Our business has promoted good relations towards our foreign clients.

Yo les **he hablado** a los empleados acerca de la tolerancia.
I have spoken to my employees about tolerance.

C. The following is a list of common irregular past participles.

hacer	**hecho**	romper	**roto**
decir	**dicho**	volver	**vuelto**
poner	**puesto**	resolver	**resuelto**
imponer	**impuesto**	satisfacer	**satisfecho**
ver	**visto**	escribir	**escrito**
abrir	**abierto**	inscribir	**inscrito**
cubrir	**cubierto**	morir	**muerto**
descubrir	**descubierto**		

D. Although the present perfect tense expresses past time, it is not used the same way as the preterite. The present perfect refers to a less specific point in time; the preterite is more precise. Note the following examples with the verb **ir**.

> **Fui** al cine **ayer.**
> *I went to the movies yesterday.*

> **¿Has ido** tú al cine **recientemente?**
> *Have you gone to the movies recently?*

Ejercicios

A. Descripciones. Use los verbos a continuación para describir lo que Ud. ha hecho recientemente en su trabajo.

escribir	poner	resolver	decir
abrir	ver	satisfacer	

Ejemplo: Yo he descubierto nuevos métodos para comunicarme mejor con mis empleados.

1. _____

2. _____

3. _____

4. _____

5. _____

6. _____

7. _____

B. La competencia. Escriba por lo menos cinco oraciones para describir lo que su compañía ha hecho para competir mejor con otras compañías.

Ejemplo: Hemos eliminado al intermediario para ahorrar dinero.

1. La gerencia _____

2. Los empleados _____

3. La compañía _____

4. Nosotros _____

5. Yo _____

C. El gobierno. Escriba por lo menos cinco oraciones para describir lo que el gobierno de los Estados Unidos y el Canadá ha hecho para influir en la economía.

Ejemplo: El gobierno ha bajado los impuestos.

1. El presidente/el primer ministro _____

2. El congreso/el parlamento_____

3. Los senadores/los legisladores _____

4. Los economistas_____

5. El gobierno _____

Escribamos

Escriba un informe para presentar durante una reunión sobre los factores que han influido en el éxito económico de su empresa este año.

Paso 2

Empecemos

La macroeconomía

La ponencia de Alicia continúa así.

El análisis económico está basado en ciertos conceptos fundamentales. Muy importante es el concepto de la universalidad del problema de la escasez de recursos. Según este concepto, los deseos y las necesidades de los seres humanos siempre excederán la abilidad de la economía de proveer los productos necesarios. Los recursos son limitados: no sólo los recursos naturales sino también los servicios y la mano de obra. La realidad de esta escasez implica que hay que escoger entre las oportunidades, eligiendo unas y rechazando otras. Este concepto se llama el costo de oportunidades. Cuando dedicamos recursos a un uso, resulta imposible usarlos para otro; por eso perdemos algo para ganar algo más.

Dado que los consumidores siempre tienen deseos y necesidades, siempre habrá demanda. La ley de demanda es la relación entre el precio de un producto y la cantidad que el consumidor está dispuesto a pagar por el producto. La ley de demanda indica que la curva de demanda tiene pendiente negativa, o sea que cuando el precio sube, la compra baja. Muchos factores afectan a la demanda. Entre ellos están: el número de clientes potenciales, rentas e ingresos, precios de productos similares y gustos.

Por otra parte, la ley de oferta es la relación entre el precio de un producto y la cantidad ofrecida del producto. La ley de oferta indica que la curva de oferta tiene pendiente positiva, o sea que mientras más alto sea el precio, más productos querrán producir los productores. Muchos factores afectan a la oferta. Entre ellos están: el costo de recursos, cambios en tecnología, impuestos y sucesos inesperados en el mercado.

Cuando superponemos la curva de demanda con la curva de oferta, el punto en que las dos líneas se cruzan se llama el punto de equilibrio. El punto de equilibrio es el punto en que si el precio subiera, se venderían menos productos; esto resultaría en un excedente de producto. El excedente de producto resultaría en una reducción de precio. Por otro lado, se puede decir que el punto de equilibrio es el punto en que si bajara el precio, se vendería demasiado producto lo que resultaría en una escasez de producto. Esta escasez de producto resultaría en una alza de precio.

Hace siglos que se estudian los cambios de las tendencias en la producción. Así se ha reconocido un ciclo comercial o económico. Este ciclo define la expansión y recesión de la actividad económica. Tiene cuatro etapas: expansión, cima, recesión y fondo. Cada ciclo comercial es diferente en cuanto a la duración y los altibajos.

Hay muchos factores que afectan al ciclo comercial. Un factor es la inflación. La inflación es un aumento de precios de productos que dura un período considerable. La inflación tiende a incrementar la tasa de interés y esto puede tener un efecto negativo en los negocios, ya que cuesta demasiado prestar dinero.

Otro factor que puede afectar al ciclo comercial o ser afectado por el ciclo comercial es el desempleo. Se define el desempleo en los Estados Unidos así: cuando hace cuatro semanas que un individuo de más de dieciséis años busca empleo sin éxito. Hay varias categorías de desempleo. La primera categoría es el desempleo friccional que se refiere a los individuos que van de un empleo a otro para superarse. Este tipo de desempleo es relativamente constante. La segunda categoría es el desempleo de temporada. Se refiere a empleados cuyo empleo depende de la estación del año. La tercera categoría de desempleo es el desempleo estructural. Los trabajadores de esta categoría ya no tienen las destrezas y habilidades requeridas en el mercado actual. La cuarta categoría es el desempleo cíclico que se refiere a los trabajadores que perdieron sus trabajos debido a una recesión. La quinta categoría de desempleo es la de los trabajadores desanimados, o sea que hace tanto tiempo que estos individuos buscan trabajo y ya no piensan que tienen esperanza de encontrarlo y abandonan la búsqueda.

Otro factor que puede afectar el ciclo comercial es la relación entre el producto bruto nacional (PBN) y la deuda pública. El PBN es el valor de mercado de todos los bienes y servicios producidos en un período determinado. Hay tres métodos de determinar el PBN: el método de gastos, que suma todos los gastos por bienes y servicios; el método de renta, que suma todas las rentas ganadas, y el método de producción, que suma los bienes y servicios producidos. La deuda pública es el dinero que debe el Estado. Algunos economistas piensan que, si el PBN crece más rápidamente que la deuda pública, la economía está saludable.

Preguntas

1. ¿Son la inflación y el desempleo problemas en los Estados Unidos y el Canadá hoy día? Explique.
2. ¿Dónde está nuestro país en el ciclo de economía actualmente?
3. ¿Qué diferencias existen entra los recursos disponibles en los Estados Unidos y el Canadá y en países hispanohablantes?
4. Según las teorías de macroeconomía, ¿cuáles son cuatro conceptos o leyes que gobiernan la actividad económica de un país?
5. ¿Qué factores pueden afectar a la demanda y la oferta?
6. Describa el ciclo comercial. ¿Qué puede afectarlo?
7. Describa las categorías de desempleo.
8. ¿Está Ud. (o ha estado Ud.) desempleado/a? Describa las circunstancias.
9. ¿Qué nos indica el PBN sobre la economía del país?

Charlemos un poco

A. **Asociaciones.** Su profesor/a va a mencionar varias palabras de la lista de vocabulario. Para cada una, dé unas palabras asociadas con las palabras que menciona y explíquelas.

   Ejemplo: altibajos

   > Ud. responde: ciclo comercial, recesión, expansión
   > El ciclo comercial tiene cuatro etapas. Los dos extremos son la expansión económica y la recesión. La expansión económica es un período de prosperidad económica y la recesión es un período de poca actividad económica.

B. Definiciones. Defina y dé ejemplos de los conceptos siguientes.

1. la universalidad del problema de la escasez
2. el costo de oportunidades
3. la ley de demanda
4. la ley de oferta

C. Solicitamos su opinión. Con un/a compañero/a de clase, discuta las definiciones, causas y posibles soluciones de los problemas siguientes. Sea creativo/a.

1. la inflación
2. el desempleo
3. la deuda pública

Entrevista

Hable con un/a compañero/a de clase sobre la economía de los Estados Unidos y el Canadá.

Primera etapa: Escriba por lo menos cinco preguntas para obtener información sobre la opinión de su compañero/a sobre la economía actual en nuestro país. Puede incluir preguntas sobre el desempleo, la inflación, la tasa de interés, etc.

Segunda etapa: Use las preguntas para entrevistar a un/a compañero/a de clase. Anote sus respuestas.

Tercera etapa: Escriba un párrafo que resume toda la información que obtuvo durante la entrevista. Puede usar las frases siguientes.

por consiguiente	*consequently*
por eso	*therefore*
así que	*so, thus*
ya que	*since*
a causa de	*due to, because of*

Cuarta etapa: Preséntele esta información a la clase.

Situaciones

En grupos de dos o tres compañeros de clase, representen una de las situaciones siguientes. Usen el vocabulario de este capítulo.

1. Dos empleados/as hablan de cómo puede influir la demanda sobre los productos que vende la compañía.
2. Dos empleados/as hablan de las causas y los efectos de la recesión económica actual.

3. Dos empleados/as hablan de las causas y los efectos de la expansión económica actual.

Repaso de gramática

The Present Perfect Subjunctive

A. The formation of the past participle in the present perfect subjunctive is the same as in all the perfect tenses. You conjugate the verb **haber** in the present subjunctive and use the past participle. The subjunctive conjugation of the verb **haber** is as follows.

haber	
yo haya	nosotros/as hayamos
tú hayas	vosotros/as hayáis
él/ella/Ud. haya	ellos/ellas/Uds. hayan

B. The present perfect subjunctive is used under the same conditions as the present subjunctive (i.e., two verb clauses, two different subjects, and a verb which requires the subjunctive). The present perfect subjunctive is used to react to events in the past.

Dudo que **hayas completado** tu carrera antes de trabajar aquí.
I doubt that you completed your studies before working here.

Espero que **ella haya terminado** la carta pronto.
I hope that she finished the letter quickly.

Me alegro que **haya hablado** con los representantes antes de regresar.
I'm glad that you spoke to the representatives before returning.

No hay ningún inversionista que **haya invertido** en esa empresa.
There isn't any investor that invested in that company.

El jefe espera que **hayamos resuelto** el problema.
The boss expects that we have resolved the problem.

No podremos subastar la maquinaria hasta que el contador **haya encontrado** los manuales.
We will not be able to auction off the machinery until the accountant has located the manuals.

Ejercicios

A. Descripciones. Use las expresiones impersonales indicadas y los verbos de la lista para completar las oraciones usando el presente perfecto del subjuntivo en el contexto dado.

resolver   escribir   hacer   romper   poner

Para aprovecharse de la expansión económica,...

Ejemplo: ...es importante que la compañía haya invertido su dinero sabiamente.

1. es necesario que...   4. es posible que...
2. es preciso que...   5. es dudoso que...
3. es lógico que...

B. Preparativos. Escriba por lo menos cinco frases para expresar lo que espera que su amiga desempleada haya hecho antes de su entrevista.

Ejemplo: Espero que mi amiga haya comprado un traje apropiado.

1. _____
2. _____
3. _____
4. _____
5. _____

C. Cuestiones económicas. Use el vocabulario de este capítulo y el presente perfecto del subjuntivo para terminar las frases siguientes.

Ejemplo: Necesito un contador....

Necesito un contador que haya estudiado la teoría de oferta y demanda.

1. La economía será más estable cuando...
2. La recesión no me importa con tal de que...
3. Tampoco me importa la política del gobierno en cuanto a la redistribución de rentas a menos que...
4. Busco un inversionista que...
5. Solamente quiero invertir mi dinero antes de que el gobierno...

Escribamos

Ud. tiene que escribir un informe para el presidente de la compañía. Explique el estado de la demanda para los productos de la compañía y los planes futuros para afectar positivamente a la demanda.

Paso 3

Empecemos

La microeconomía

A continuación se transcribe la última parte de la ponencia de Alicia a los estudiantes de economía.

La microeconomía se enfoca en los problemas y las decisiones de los individuos en vez de la nación o el mundo. Claro que los principios de la universalidad del problema de escasez y de oferta y demanda se aplican a la microeconomía también. Además de estos principios, la microeconomía estudia la teoría del consumidor. El consumo es considerado la única justificación para la producción. Por eso, el consumidor tiene un papel central en la economía. La microeconomía describe unas suposiciones del consumidor. Primero, se supone que el consumidor es racional. Segundo, se supone que el consumidor prefiere unos productos sobre otros. Tercero, se supone que el consumidor tiene un presupuesto limitado. Finalmente, se supone que el consumidor pagará un precio por los productos debido a la escasez de productos, el tiempo para producir el producto individualmente o la inhabilidad de producirlo.

Hay dos métodos de describir las preferencias del consumidor. El primero, el método cardinal, habla de cantidades concretas para describir preferencias: por ejemplo, X es dos veces mejor que Y. El segundo, el método ordinal, establece rangos de preferencias: X es mejor que Y que es mejor que Z, etc. La teoría clásica para describir la demanda del consumidor usa el método cardinal porque emplea el concepto de utilidad marginal y por eso requiere la capacidad de medir preferencias en términos concretos. En este contexto, la utilidad no tiene nada que ver con los usos de un producto. La utilidad es el poder del producto de satisfacer al consumidor. Es subjetivo y puede variar entre individuos. Se supone que la meta del consumidor es de gastar su dinero para obtener la mayor satisfacción posible —o sea, la utilidad total— por sus rentas limitadas.

La ley de la disminución de la utilidad marginal dice que la utilidad marginal de un producto disminuye cuando el consumidor compra más y más de un producto. El aumento de consumo de un producto resulta en más utilidad total pero la utilidad crece más despacio porque con cada compra la satisfacción del consumidor disminuye.

El método ordinal se usa para hablar de curvas de indiferencia. Una curva de indiferencia representa combinaciones de dos productos y estudia la combinación de estos productos requerida para que al consumidor no le importe la combinación porque la utilidad es igual. En el estudio de curvas de indiferencia, la ley de sustitución es importante. Esta ley dice que el producto escaso tiene más valor de sustitución que el producto común, porque el deseo de sustituir A por B depende de la cantidad de A y B. También en el estudio de curvas de indiferencia, los complementos son importantes. Un complemento es un producto que requiere la compra de otro producto para ser útil. Por ejemplo, para que una raqueta de tenis sea útil, hay que comprar una pelota de tenis. La ley de complementos perfectos dice que un aumento en la compra de A no vale sin un aumento igual en la compra de B.

Los cambios en la escasez de un producto y en los ingresos del consumidor resultan en cambios en las preferencias del consumidor. Por ejemplo, cuando hay menos de algo —y así los precios están altos— o cuando el consumidor tiene menos recursos —y así no importa el precio porque el consumidor no tiene dinero—, puede que el consumidor compre, o sustituya, unos productos inferiores porque cuestan menos. Esto resulta en una curva positiva de ventas pero una curva negativa de rentas porque el consumidor compra más pero aún gasta menos.

Preguntas

1. Como consumidor, ¿qué factores afectan a sus decisiones de gastar dinero?
2. ¿Cuáles son los derechos del consumidor en los Estados Unidos y el Canadá?
3. ¿Cuáles son ejemplos de productos que están en demanda actualmente? En su opinión, ¿por qué son populares?
4. Según las teorías económicas, ¿por qué fabricamos productos?
5. Describa al consumidor según las teorías de la microeconomía.
6. ¿Qué importancia tiene la escasez de un producto?
7. ¿Qué es la ley de sustitución? ¿un complemento?

Charlemos un poco

A. Definiciones. Escuche mientras su profesor/a define unas palabras de la lista de vocabulario. En cada caso dé la palabra definida.

1. _____   4. _____

2. _____   5. _____

3. _____

B. Más definiciones. Explique los conceptos siguientes.

1. la microeconomía *vs* la macroeconomía
2. el papel del consumidor en la economía
3. los métodos para medir las preferencias del consumidor
4. la utilidad y su papel en analizar las preferencias del consumidor

C. Solicitamos su opinión. Con un/a compañero/a de clase, hable de los temas siguientes.

1. ¿Cuáles son los factores que influyen en sus decisiones como consumidor?
2. ¿Qué hay que hacer en una compañía para atraer y mantener su clientela?
3. ¿Cómo puede una compañía nueva persuadir al consumidor de que compre sus productos en vez de los productos de una compañía establecida?
4. ¿Cómo afectaría al consumidor la expansión económica? ¿la recesión económica?

Entrevista

Ud. quiere saber más de las preferencias del consumidor.

Primera etapa: Escriba por lo menos cinco preguntas para obtener información sobre las preferencias del consumidor.

Segunda etapa: Use las preguntas para entrevistar a un/a compañero/a de clase. Anote sus respuestas.

Tercera etapa: Escriba un párrafo que resume toda la información que obtuvo durante la entrevista. Puede usar las frases siguientes.

Hay que subrayar...
It is necessary to emphasize...

Importa señalar...
It is important to point out...

Hay que tener en cuenta...
It is important to keep in mind...

Cuarta etapa: Preséntele esta información a la clase.

Situaciones

👥👤 En grupos de dos o tres compañeros de clase, representen una de las situaciones siguientes. Usen el vocabulario de este capítulo.

1. Dos empresarios/as hablan de la escasez de un recurso y los efectos de esta escasez en la compañía.
2. Dos abastecedores hablan de la escasez de un producto y los efectos de esta escasez en el consumidor.
3. Dos agentes de publicidad hablan de cómo pueden convencer a los consumidores de que sus productos pueden satisfacerles.

Repaso de gramática

The Pluperfect Tense

The pluperfect tense expresses a past action that occurred prior to another past action. The same past participles are used as with the present perfect indicative and subjunctive. For the pluperfect tense, conjugate **haber** in the imperfect as follows.

haber	
yo había	nosotros/as habíamos
tú habías	vosotros/as habíais
él/ella/Ud. había	ellos/ellas/Uds. habían

El departamento no me **había informado** de los cambios. Por eso me quejé.
The department had not informed me about the changes. That's why I complained.

Nosotros **habíamos pedido** el informe para prepararnos para la presentación, pero no nos lo dieron.
We had asked for the report to prepare ourselves for the presentation, but they didn't give it to us.

Ejercicios

A. Más grande y mejor. Use los verbos a continuación para describir lo que las siguientes personas habían hecho para mejorar el producto de la compañía.

> hacer   decir   poner   ver   cubrir   abrir   romper

Antes de la campaña publicitaria del mes pasado,...

> *Ejemplo:* ...la compañía había estudiado las preferencias del consumidor.

1. los técnicos
2. el presidente
3. los jefes
4. los empleados
5. el equipo de gerencia

B. ¡Viva la competencia! Escriba por lo menos cinco frases para describir lo que habían hecho los empleados para competir con una nueva compañía.

> *Ejemplo:* Para 2003, la compañía había investigado nuevos productos.

1. los empleados
2. los economistas
3. el gerente de producción
4. nosotros
5. yo

C. Justo a tiempo. Use el pluscuamperfecto y los verbos a continuación para escribir un párrafo de por lo menos cinco frases describiendo lo que los inversionistas habían hecho antes de la recesión para proteger sus activos.

> *Ejemplo:* Antes de la recesión, los inversionistas habían sacado su dinero de las inversiones de alto riesgo.

> resolver   poner   decir   hacer   proponer

Escribamos

Escriba unos párrafos sobre los factores que afectan a las decisiones económicas que Ud. toma. Por ejemplo, ¿por qué decide gastar/ahorrar dinero? Cuando compra algo ¿qué factores influyen en la decisión?

Una vez más

Antes de leer

1. Lea el título del artículo y escriba por los menos tres predicciones de lo que dirá el artículo.
2. Busque las palabras siguientes en el artículo y lea la sección del artículo pertinente a las palabras. Entonces dé el verbo asociado con las palabras.

   a. la cifra   b. el flujo   c. el ánimo

Escriba los sustantivos asociados con estos verbos.

   a. mejorar   b. recuperar

A leer

Lea el artículo con cuidado y conteste las preguntas siguientes.

Crece la economía peruana

Entre los problemas financieros en países extranjeros y los desastres agrícolas causados por el fenómeno meteorológico de El Niño, las economías sudamericanas han sufrido mucho este año. Sin embargo, algunos países ya han recuperado bastante. Por ejemplo, el Perú crecerá a partir del segundo semestre de este año a niveles anteriores a la crisis extranjera y El Niño. El producto interno bruto creció 7,2 por ciento en 2000, 0,7 por ciento en 2001 y 0,4 por ciento en los dos primeros meses de este año, según cifras oficiales. Otras indicaciones positivas incluyen los factores siguientes: suben los bonos, se calientan los mercados bursátiles y el flujo de capitales comienzan a regresar a América Latina y al Perú. Se verá que serán la pesca, la agricultura y la minería los sectores que actúen como locomotoras del crecimiento. Con la estabilidad de estos sectores importantes, el país está en mejor posición que sus vecinos andinos por tener un déficit fiscal pequeño, una inflación baja, una tasa de cambio nivelada y tasas de interés similares a la época anterior a la crisis. Por eso, los funcionarios pronosticaron para el Perú un crecimiento de 2,4 por ciento este año.

Un problema que todavía tiene el Perú es que el ánimo de los inversionistas aún es negativo. A pesar de eso, los funcionarios creen que cuando retornen los capitales, el Perú volverá a crecer a tasas entre 5 y 6 por ciento desde el próximo año.

Preguntas

1. ¿Cómo se sabe que la economía peruana va a mejorar? Cite por lo menos tres razones.
2. ¿Qué sectores crecerán más?
3. ¿Cuánto pronostican que la economía pueda crecer?
4. ¿Por qué está el Perú en una situación mejor que sus vecinos?

Discusión

👤👤 Hable con un/a compañero/a de clase o en grupos sobre lo siguiente: Es verdad que las economías de los Estados Unidos y del Canadá siempre han sido más estables que las economías de los países sudamericanos. Dado lo que Uds. saben de los factores que contribuyen a una economía fuerte, ¿qué ha causado esta inestabilidad y qué se debe hacer para corregir los problemas?

La carta de negocios

Lea la carta de negocios siguiente y úsela como modelo para escribir una carta que anuncia una oferta especial que la compañía puede extender debido a un aumento de producción. Use el vocabulario de este capítulo y el vocabulario asociado con la carta comercial que ya aprendió.

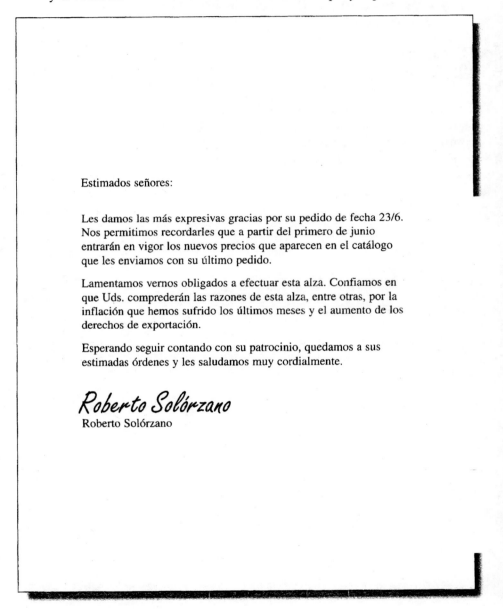

Estimados señores:

Les damos las más expresivas gracias por su pedido de fecha 23/6. Nos permitimos recordarles que a partir del primero de junio entrarán en vigor los nuevos precios que aparecen en el catálogo que les enviamos con su último pedido.

Lamentamos vernos obligados a efectuar esta alza. Confiamos en que Uds. comprederán las razones de esta alza, entre otras, por la inflación que hemos sufrido los últimos meses y el aumento de los derechos de exportación.

Esperando seguir contando con su patrocinio, quedamos a sus estimadas órdenes y les saludamos muy cordialmente.

Roberto Solórzano
Roberto Solórzano

Panorama cultural

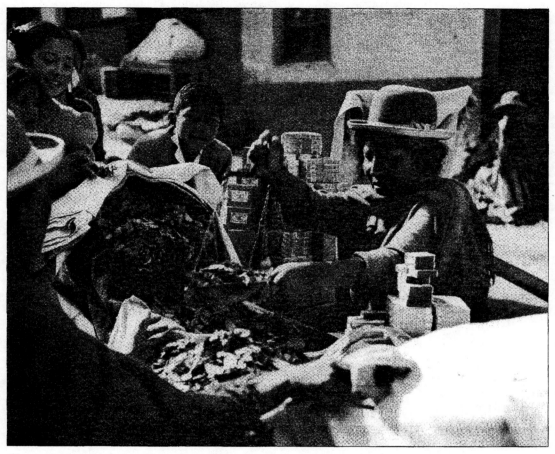

Una india boliviana, vestida tradicionalmente, vende hojas de coca en un mercado. ¿Qué sabe Ud. de los mercados tradicionales en países hispanohablantes?

Lea la lectura y haga las actividades siguientes.

Chile y Bolivia

Chile, otro país del Cono Sur, exporta cobre, pescado y madera. En 1999 Chile se asoció con el Mercosur y firmó un pacto de libre comercio con el Canadá. Con tasas de inflación y desempleo relativamente bajas, los inversionistas extranjeros tienen mucha confianza en la estabilidad económica chilena.

Bolivia es todavía uno de los países más pobres y subdesarrollados de Sudamérica. Con una población primariamente india (30% quechua, 25% aymará y 25% mestiza), el país sufre de analfabetismo especialmente entre las mujeres (sólo el 76% de las mujeres saben leer y escribir). Tampoco tiene recursos naturales: no tiene salida al mar y solamente el 2% de su tierra es arable. Bolivia exporta metales y gas natural, principalmente a los Estados Unidos, Colombia, el Perú y la Argentina. Recientemente el gobierno ha firmado pactos de libre comercio con México y el Mercosur, y ha reducido la inflación y el desempleo.

Actividades

Use el Internet para buscar información sobre los temas siguientes.

1. ¿Qué información puede encontrar en el Internet sobre Chile y Bolivia? ¿Cuáles son algunas regiones de importancia económica y qué producen? ¿Qué han hecho los gobiernos de estos países recientemente para mejorar la economía?
2. ¿Puede Ud. encontrar información en el Internet sobre los AMCHAM de Bolivia y Chile? ¿Qué servicios e información ofrecen para los exportadores?

Para encontrar esta información, use un buscador en español y palabras clave como "Chile y economía", los nombres de unas ciudades importantes y "AMCHAM y Bolivia".

Vocabulario

La economía

el capitalismo	*capitalism*	el sistema de precios y mercados	*market and price system*
el socialismo	*socialism*	la competencia	*competition*
el comunismo	*communism*	las externalidades negativas, las fuerzas externas negativas	*negative outside forces*
la economía de mercado	*market economy*		
la economía por mandato	*command economy*	la redistribución de rentas/de riqueza	*redistribution of wealth*
la economía mixta	*mixed economy*	las transferencias	*transfers*
el libre mercado	*free market*	los impuestos	*taxes*
la teoría de libre comercio	*free market theory*	el principio del beneficio	*principle of benefits*
los recursos de producción	*production resources*	el principio de capacidad de pago	*principle of ability to pay*
los medios de producción	*means of production*	el principio de menos probable de ofender	*principle of the least likely to offend*
la toma de decisiones	*decision making*		

La macroeconomía

la universalidad del problema de escasez	*universality of the problem of scarcity*
los bienes raíces	*real estate*
la materia prima	*raw material*
el capital	*capital*
los recursos naturales	*natural resources*
los servicios	*services*
los recursos humanos	*human resources*
el costo de oportunidad	*opportunity cost*
la teoría de oferta y demanda	*theory of supply and demand*
el alza de precios	*price increase*
la cima	*peak*
el mercado	*market*
la curva de demanda	*demand curve*
los gustos	*preferences*
la curva de oferta	*supply curve*
el punto de equilibrio	*point of equilibrium*
el presupuesto	*budget*
la deuda nacional	*national debt*
el producto nacional bruto (PNB)	*gross national product (GNP)*
el método de gasto	*expenditure method*
el método de renta	*income method*
el método de producción	*production method*
los servicios públicos	*public services*

La microeconomía

la teoría del consumidor	*consumer theory*
las preferencias de los consumidores	*consumer preferences*
la racionalidad	*rationality*
las restricciones del presupuesto	*budget restrictions*
el precio	*price*
la ley de la maximización de utilidad	*law of maximization of utility (Law of Diminishing Marginal Utility)*
la utilidad	*usefulness*

Verbos asociados con la economía

subir	*to rise*
bajar	*to fall*
decidir	*to decide*
competir	*to compete*
reducir	*to reduce*
afectar	*to affect*
beneficiar	*to benefit*
interferir	*to interfere*
corregir	*to correct*
intervenir	*to intervene*
sustituir	*to substitute*

CAPÍTULO 8
La campaña publicitaria

Anticipemos

¿En qué consiste una buena campaña publicitaria?

Describa su campaña publicitaria favorita.

En su opinión, ¿cuál es el medio de difusión más importante? ¿Por qué?

¿Recuerda Ud. una campaña publicitaria que no tuvo éxito? ¿Por qué no tuvo éxito?

Antes de empezar el capítulo, repase el vocabulario al final del capítulo.

Paso 1

Empecemos

El mercadeo

Alicia escribe un informe describiendo lo que es el mercadeo.

Uno de las acciones más rentables para una compañía es lanzar un producto nuevo al mercado. La función del equipo de mercadeo es la de promover nuevos productos y crear un mercado favorable para su cliente. Pero no es tan fácil como parece. Antes de empezar, hay que recopilar muchos datos.

¿Cómo se diseña una campaña publicitaria? Bueno, primero el agente de publicidad tiene que saber bien las características del producto. ¿Cómo funciona? ¿Cómo es su diseño? ¿Cómo es su durabilidad? ¿Cómo es su versatilidad? ¿Cuánto cuesta? También necesita compararlo con otros productos parecidos. ¿Qué tiene de especial y diferente este producto? ¿Por qué es mejor que los productos de otras marcas? El agente de publicidad puede obtener esta información cuando habla con vendedores como mayoristas o detallistas. A veces, habla directamente con el fabricante del producto. Puesto que hay mucha información que hay que obtener, normalmente hay un equipo de mercadeo para trabajar juntos.

Después de investigar el producto, el agente de publicidad tiene que estudiar el perfil de los consumidores. ¿Quién será el consumidor típico de este producto y cómo es esta persona? ¿Cuáles son las exigencias y los gustos de este grupo de personas? ¿Cuáles son sus valores, creencias y costumbres? ¿Le importa algo específico como el aroma, el color, la textura o el sabor del producto? Finalmente, el agente analiza la red de distribución para determinar la demanda por el producto. Para obtener toda esta información, el agente de publicidad tiene que hacer un estudio del mercado típicamente con una encuesta. Con toda esta información, el agente de publicidad puede formular una estrategia para presentar el producto a los consumidores. Esta estrategia debe proveer un plan para desarrollar la imagen del producto y atraer la atención de los consumidores. También, a menudo incluye la creación de un lema memorable.

Después de lanzar la campaña publicitaria, el agente tiene que recoger datos sobre su éxito. El éxito de una campaña publicitaria se puede medir con las ventas del producto o con el aumento de ventas si es una campaña nueva para un producto establecido. También el agente debe estudiar la satisfacción del consumidor con el producto por medio de encuestas. Con esta información, puede cambiar la campaña publicitaria o hacer cambios en el producto.

Preguntas

1. ¿Qué se necesita saber del producto para diseñar una campaña publicitaria?
2. ¿Qué se necesita saber del consumidor para diseñar una campaña publicitaria?
3. ¿En qué consiste una buena estrategia publicitaria?
4. En su opinión, ¿es el lema muy importante? Explique.
5. ¿Qué se debe hacer después de lanzar una campaña publicitaria?
6. Describa una campaña publicitaria que Ud. haya considerado exitosa.

Charlemos un poco

A. **Descripciones.** Escuche mientras su profesor/a lee unos anuncios. En cada caso indique qué mercado trata de atraer.

1. _____

2. _____

3. _____

B. Definiciones. Dé una definición de los términos siguientes.

1. el consumidor
2. el promotor
3. el perfil del consumidor
4. el lema
5. la campaña publicitaria

C. Más descripciones. Lea los anuncios que tiene su profesor/a y entonces analícelos. Incluya información sobre lo siguiente.

1. ¿En qué cualidades del producto pone énfasis?
2. ¿Qué tipo de persona va a atraer (jóvenes/viejos, hombres/mujeres, etc.)?
3. ¿Usa trucos publicitarios?

Entrevista

👤👤 Alicia habla con sus gerentes sobre los nuevos productos que están por salir al mercado.

Primera etapa: Escriba por lo menos cinco preguntas para obtener información sobre los productos. Puede pedir información sobre sus cualidades especiales, el precio, la imagen que quiere crear, su diseño, etc.

Segunda etapa: Use las preguntas para entrevistar a un/a compañero/a de clase. Anote sus respuestas.

Tercera etapa: Escriba un párrafo que resume toda la información que obtuvo durante la entrevista. Puede usar las frases siguientes.

Hay que investigar si existe(n)...
We must investigate if... exist(s).

Los siguientes ejemplos harán ver con claridad que...
The following examples make it clear that...

Vamos a examinar por separado...
Let us examine separately...

Examinemos ahora la cuestión desde el punto de vista de...
Let us now examine the question from the point of view of...

Cuarta etapa: Preséntele esta información a la clase.

Situaciones

👤👤👤 En grupos de dos o tres compañeros de clase, representen una de las situaciones siguientes. Usen el vocabulario de este capítulo.

1. Ud. habla con el/la agente sobre la falta de éxito en el mercado extranjero.
2. Ud. habla con el/la agente porque no está satisfecho/a con la campaña publicitaria.
3. Ud. habla con otro/a empleado/a sobre la competencia en el mercado.

Repaso de gramática

The Future Tense

Unlike most tenses, in which the verb endings are added to the stem of the verb, future tense endings are added to the infinitive. In other words, it is not necessary to drop the **-ar/-er/-ir** part of the verb. Note the conjugation of the regular future tense below.

-ar verbs		-er/-ir verbs	
yo pagar**é**	nosotros/as pagar**emos**	yo consumir**é**	nosotros/as consumir**emos**
tú pagar**ás**	vosotros/as pagar**éis**	tú consumir**ás**	vosotros/as consumir**éis**
él/ella/Ud. pagar**á**	ellos/ellas/Uds. pagar**án**	él/ella/Ud. consumir**á**	ellos/ellas/Uds. consumir**án**

Uses of the Future Tense

A. As in English, the future tense expresses what will happen.

> El equipo de mercadeo **usará** todos los medios de difusión para lanzar el producto al mercado.
> *The marketing team will use every means of communication to introduce the product on the market.*

> Pero primero, **recogeremos** los datos para formular una estrategia.
> *But first, we will gather data to form a strategy.*

B. The future tense is also used in Spanish to wonder about an action or a situation related to the present.

> ¿Quién **será** el nuevo presidente de la compañía?
> *I wonder who the new company president will be?*

> **Será** Juan; tiene la más experiencia.
> *It probably will be John; he has the most experience.*

C. The present indicative is used to express the immediate future, not the future tense.

> **Salgo** en un momento.
> *I will leave in a moment.*

Note that the present indicative is used after the word **si** when talking about the future.

> Compraremos las acciones **si** el Mercado **está** estable.
> *We will buy the stock if the market is stable.*

D. In general, the future tense is used more in writing than in every day speech. When speaking, most Spanish speakers use **ir a + infinitive** to communicate future events.

> **Voy a viajar** a Chile el martes para una reunión.
> *I am going to travel to Chile on Tuesday for a meeting.*

Ejercicios

A. Un cliente nuevo. Complete el párrafo con los siguientes verbos en el futuro.

preparar	dibujar	reunir	escribir
esperar	hablar	investigar	

Mañana el equipo de mercadeo (1.)_____ con un cliente nuevo. Por eso, el gerente del equipo (2.)_____ con todos los empleados para asegurarse de que hayan hecho todas sus tareas. Primero, todos los miembros del equipo (3.)_____ el producto. Luego, el diseñador (4.)_____ un logotipo para el producto nuevo y el escritor (5.)_____ un lema. Finalmente, yo (6.)_____ el informe para presentar nuestras ideas al cliente. Como nuestro equipo de mercadeo tiene reputación internacional, el cliente (7.)_____ mucho; todo tiene que estar perfecto.

B. Reacciones. ¿Qué pensarán o harán los consumidores después de ver los anuncios que tiene su profesor/a? Usando el futuro, nombre por lo menos cinco reacciones posibles.

C. Descripciones. Nombre por lo menos cinco cambios que veremos en el futuro debido a la nueva tecnología. Use el futuro.

Ejemplo: No conduciremos coches sino astronaves.

Escribamos

En su opinión, ¿logran su propósito las campañas publicitarias en la televisión? ¿Por qué?

Paso 2

Empecemos

Un análisis del producto

Alicia habla de cómo hacer un análisis del producto y del mercado.

Alicia: Un método común para hacer un análisis del mercado es el de usar una encuesta del consumidor. ¿Cómo debemos diseñar una encuesta del consumidor? Primero, hay que enfocarse en un grupo en particular. Puede ser mujeres u hombres, jóvenes o viejos, gente de la clase media o alta, estudiantes, extranjeros que viven en nuestro país o cualquier otro grupo. Es necesario escoger uno de estos grupos porque habrá que usar diferentes métodos para atraer consumidores de diferentes grupos.

Después de identificar el grupo, se necesitan muchos datos. Primero, es importante incluir preguntas para averiguar los valores, las creencias y las actitudes del consumidor. ¿Qué le importa? ¿Qué le gusta? ¿Qué imagen prefiere crear? ¿Hay una actividad en la que la mayoría de los consumidores de este grupo participan? ¿Hay algo que valora la mayoría de las personas de este grupo? O sea, ¿qué se puede usar para atraer su atención sin hacer algo que pueda ofenderle?

También hay que saber algo sobre sus necesidades y preferencias. ¿Se puede identificar un aspecto de la vida de las personas en este grupo que sea difícil? ¿Se puede pensar en una manera en que nuestro producto puede aliviar estas dificultades? Cuando los consumidores de este grupo compran otros productos parecidos al nuestro, ¿qué es lo que les gusta y no les gusta del producto: su durabilidad, su precio, la marca, su apariencia, su diseño, su prestigio? Con esta información, podemos identificar los aspectos de nuestro producto en que debemos poner énfasis para fomentar el interés.

Finalmente, hay que saber qué medios de difusión se deben usar. Los consumidores de este grupo, ¿miran mucho la televisión? ¿Cuándo y qué programas? ¿Prefieren leer?

¿Qué periódicos o revistas? ¿Navegan mucho por el Internet? ¿Qué música escuchan en la radio? ¿Normalmente leen los folletos que vienen con el correo? Esta información se usará para determinar qué medio de difusión puede ofrecer más oportunidades para comunicarse con los consumidores.

Preguntas

1. ¿Puede Ud. identificar dos o tres grupos de consumidores importantes en esta región del país? ¿Qué tipo de campaña publicitaria les atraería?
2. En su opinión, ¿cómo son diferentes las campañas publicitarias para jóvenes, viejos, mujeres u hombres en países hispanohablantes? ¿Son las actitudes, preferencias y creencias de estos grupos en países hispanohablantes iguales a las de los grupos en los Estados Unidos y el Canadá?
3. ¿Por qué es mejor enfocarse en un grupo cuando se diseña una encuesta?
4. Nombre tres categorías de preguntas que se incluyen en una encuesta. Dé unos ejemplos de estas preguntas.
5. Explique la relevancia de dos de las preguntas que mencionó en 4.
6. ¿Hay otros factores que influyen en las campañas de publicidad además de grupos de consumidores? Por ejemplo, ¿cómo cambian las campañas de publicidad durante recesiones o durante diferentes estaciones del año? ¿Reflejan las campañas de publicidad los sucesos de actualidad?

Charlemos un poco

A. **Dibujos.** Identifique y describa los medios de difusión en el dibujo siguiente.

B. Descripciones. Describa las ventajas y desventajas de los diferentes medios de difusión.

    1. la televisión   4. el Internet
    2. los folletos   5. las revistas
    3. la radio

C. Solicitamos su opinión. Con un/a compañero/a de clase, hablen de las preguntas a continuación.

1. ¿Es importante formular un buen lema? ¿Por qué?
2. ¿Cuál de los factores siguientes es el más importante y por qué? Y los demás, ¿son también importantes?

    la marca   la durabilidad   el diseño
    la calidad   el envase

3. ¿Qué factores contribuyen a un mercado favorable al consumidor? ¿al vendedor?

Entrevista

Ud. habla con el/la promotor/a para diseñar una encuesta para analizar el mercado.

Primera etapa: Escriba por lo menos cinco preguntas para obtener información sobre gustos, valores, actitudes, estilo de vida, etc.

Segunda etapa: Use las preguntas para entrevistar a un/a compañero/a de clase. Anote sus respuestas.

Tercera etapa: Escriba un párrafo que resume toda la información que obtuvo durante la entrevista. Puede usar las frases siguientes.

    Bien sabemos que...
    We all well know that...

    No olvidemos que...
    Let us not forget that...

    Notemos además que...
    Note also that...

    Podemos afirmar también que...
    We can also affirm that...

    De aquí en adelante vamos a examinar cómo...
    From here on out, let us examine how...

    He aquí un factor que...
    Here is a factor that...

Cuarta etapa: Preséntele esta información a la clase.

Situaciones

👥👥 En grupos de dos o tres compañeros de clase, representen una de las situaciones siguientes. Usen el vocabulario de este capítulo.

1. El/La promotor/a y un/a gerente comentan sobre los factores del producto en que deben poner énfasis en la nueva campaña publicitaria.
2. El/La promotor/a y un/a gerente hablan del perfil del consumidor, según la encuesta que Uds. acaban de hacer.
3. El/La promotor/a y un/a gerente hablan del perfil del mercado.

Repaso de gramática

Irregular Verbs in the Future

The following verbs have irregular stems in the future tense. All these verbs use the regular endings (see **Paso 1**).

poner	**pondr-**	poder	**podr-**
venir	**vendr-**	querer	**querr-**
salir	**saldr-**	haber	**habr-**
tener	**tendr-**	hacer	**har-**
saber	**sabr-**	decir	**dir-**

Las creencias religiosas **tendrán** un efecto decisivo en la venta de este producto.
Religious beliefs will have a decisive effect on the sale of this product.

Haremos una investigación del mercado antes de empezar la campaña publicitaria.
We will do a market study before starting the ad campaign.

Ejercicios

A. El nuevo producto. Complete el párrafo con la forma del futuro del verbo entre paréntesis.

Nuestro nuevo producto (1.)_____ (salir) en abril. La compañía (2.)_____ (querer) estimular el interés con una campaña publicitaria nueva. Nosotros (3.)_____ (poner) anuncios en una variedad de medios de difusión. Así, (4.)_____ (poder) comunicarnos con más consumidores. (5.)_____ (hacer) todo lo posible para tener éxito con este nuevo producto.

B. ¿Qué harán? Combine los elementos de la columna A con los de la columna B y sus propias expresiones para formar por lo menos seis frases lógicas que usan el futuro.

A	B
el/la agente de publicidad	poner
el/la cliente	venir
el/la detallista	tener
el producto	salir
¿ ?	hacer
	decir
	querer
	saber

C. Descripciones. El agente de publicidad le dice a su cliente todo lo que hará para poner en marcha la campaña publicitaria. Escriba un párrafo usando el futuro para describir lo que hará.

Escribamos

Escoja un producto y entonces escriba un perfil del mercado y del consumidor para este producto.

Paso 3

Empecemos

El consumidor

Alicia habla de lo que no se debe hacer durante una campaña publicitaria y lo que los consumidores quieren.

Alicia: No se debe usar trucos publicitarios en la campaña para engañar al consumidor. Algunos trucos son obvios; por ejemplo, cualquier lema que solamente sirve para engañar al consumidor. Otros son menos obvios. Unos agentes de publicidad usan un envase caro para tratar de dar la impresión de que el producto es de alta calidad cuando no lo es.

El problema con el uso de trucos publicitarios es que los consumidores siempre van a recordarlos y así la compañía perderá su reputación.

En general, los consumidores prefieren un buen diseño, alta calidad y un precio justo. Quieren comprar un producto que esté de moda. Frecuentemente, cuentan mucho con marcas establecidas. No van a arriesgarse mucho porque no quieren perder el tiempo en devoluciones ni perder su dinero. Por eso, a veces solamente será posible captar nuevos sectores del mercado ofreciendo el producto con un descuento y una garantía de calidad. Las gangas casi siempre tientan al consumidor y las garantías le dan un sentido de seguridad.

Preguntas

1. En su opinión, ¿es el consumidor moderno más consciente de trucos publicitarios? Explique.
2. ¿Hay una conexión entre nuevas tecnologías como el Internet y el uso de trucos publicitarios?
3. Dé ejemplos de trucos publicitarios.
4. ¿Qué prefiere el consumidor? Nombre seis cosas.
5. ¿Cómo se puede captar nuevos sectores del mercado?
6. ¿Qué efectos tienen las gangas?
7. Entre los ejemplos mencionados en la lectura, ¿cuál estrategia estimularía su interés en un producto nuevo?

Charlemos un poco

A. **Definiciones.** Escuche mientras su profesor/a lee unas descripciones. En cada caso identifique lo que describe.

1. _____   4. _____

2. _____   5. _____

3. _____

B. **Descripciones.** Invente un lema para los productos a continuación

1. una computadora
2. un coche
3. un reloj
4. un teléfono móvil
5. unos muebles

C. Solicitamos su opinión. En su opinión, ¿tendrán éxito los anuncios que tiene su profesor/a? ¿Por qué?

Entrevista

Alicia habla con el promotor sobre los factores que contribuyen a una buena campaña publicitaria.

Primera etapa: Escriba por lo menos cinco preguntas para obtener información sobre cómo se fija el mercado para el producto, cómo se hace una encuesta, cómo se diseña un lema, etc.

Segunda etapa: Use las preguntas para entrevistar a un/a compañero/a de clase. Anote sus respuestas.

Tercera etapa: Escriba un párrafo que resume toda la información que obtuvo durante la entrevista. Puede usar las frases siguientes.

> Al tratar de... hemos visto que...
> *When we tried to... we have seen that...*

> De eso se infiere que...
> *From this one can infer that...*

> Conviene no perder de vista que...
> *It is important not to lose sight of the fact that...*

> Más exacto sería decir que...
> *It would be more precise to say that...*

Cuarta etapa: Preséntele esta información a la clase.

Situaciones

En grupos de dos o tres compañeros de clase, representen una de las situaciones siguientes. Usen el vocabulario de este capítulo.

1. Dos promotores hablan de la mejor forma de difundir el producto.
2. El/La publicista y unos empleados habla sobre unos obstáculos que tendrán que enfrentar al lanzar el producto.
3. El/La gerente y unos empleados hablan del éxito de la campaña publicitaria y de unos cambios que harán para estimular aún más el interés en el producto.

Repaso de gramática

The Future Perfect Tense

The future perfect tense is used to talk about things that will have happened by a certain point in the future. It uses the past participle as the other perfect tenses. In the future perfect tense, **haber** is conjugated as follows.

haber	
yo habré	nosotros/as habremos
tú habrás	vosotros/as habréis
él/ella/Ud. habrá	ellos/ellas/Uds. habrán

Para el viernes, los diseñadores **habrán recibido** las muestras.
By Friday, the designers will have received the samples.

Creo que **habremos terminado** las encuestas para mañana.
I think we will have finished the surveys by tomorrow.

Ejercicios

A. Descripciones. Use los verbos a continuación para escribir frases describiendo lo que las personas siguientes habrán hecho antes de la reunión.

abrir   satisfacer   ver   escribir   romper

1. El abastecedor
2. Los fabricantes
3. La agente de publicidad y yo
4. Tú
5. Yo

B. La fecha tope. Escriba cinco actividades que estos empleados de la agencia de publicidad habrán hecho para mañana.

1. El agente...
2. Yo...
3. El promotor y su cliente...
4. Ud...
5. Nosotros...

C. Más descripciones. La agente de publicidad visitará a un cliente en otra ciudad. Escriba un memo en que menciona ocho actividades que habrá cumplido a su regreso.

Escribamos

Escoja un producto y escriba una campaña publicitaria para la televisión, la radio o una revista.

Una vez más

Antes de leer

1. Lea el título y la primera frase del artículo. Entonces, explique el significado del título.
2. Escriba el adjetivo asociado con los sustantivos siguientes y use cada adjetivo en una frase original.
   a. belleza   c. costumbre
   b. escasez   d. publicidad

A leer

Lea el artículo con cuidado y conteste las preguntas siguientes.

Las razas en el mercadeo

La belleza de la mujer latina y el estilo de vida iberoamericano tienen escasa representación en la gran mayoría de los archivos de fotos que se utilizan para crear campañas publicitarias. Lo común es presentar tipologías, paisajes y estilos de vida nórdicos. Quizás Imagen Stock es el banco de imágenes que más se ha preocupado por ofrecer fotos de la gente y la vida típicas de estos lugares. El director general de Imagen Stock, Alejandro Becerra, cree haber encontrado la solución definitiva a través de su nueva y exclusiva representación de Age Fotostock de España. Las fotos de Age Fotostock representan no sólo el tipo físico latino sino situaciones y costumbres de nuestra cultura. A los creadores les ayudará a preparar campañas más identificadas con nuestro mercado. Una selección de 6.500 imágenes de Age Fotostock ya está disponible, la cual se incrementará cada mes. Imagen Stock promete catálogos con otras 5.342 fotos para marzo del año próximo.

Preguntas

1. ¿Qué problema describe el artículo?
2. ¿Qué es lo más común en cuanto a las imágenes usadas por el mundo publicitario?
3. ¿Qué puede ofrecer Age Fotostock para resolver este problema?
4. ¿Cuántas imágenes tienen?

Discusión

👤👤 Hable con un/a compañero/a de clase sobre el tema siguiente: En su experiencia, ¿son las imágenes que se usan en las campañas publicitarias representativas de todas las razas y grupos sociales en su país? ¿Puede Ud. describir ejemplos de anuncios que ha visto donde hay una variedad de personas de diferentes grupos étnicos?

La carta de negocios

Lea la carta siguiente y úsela como modelo para escribir una carta comercial resumiendo los resultados de una campaña publicitaria para un cliente. Use el vocabulario de este capítulo y el vocabulario asociado con las cartas comerciales que ya aprendió.

Estimados señores:

Mercadeo Hoy lanza una nueva campaña publicitaria el primero de agosto para su cliente Infotécnica y su nueva línea de soporte lógico. Para esta campaña, nos centramos en compañías tecnológicas con el objetivo de promover la capacidad de nuestro sistema operativo para resolver problemas de seguridad sobre el Internet. A partir de agosto, tendremos anuncios en una variedad de revistas sobre tecnología.

Anexamos para su información ejemplos de estos anuncios y unos folletos. Les agradeceríamos que los enviaran a todos sus clientes. Esperamos así poder comunicarnos con nuevos clientes directamente. Le expresamos de antemano nuestro agradecimiento por su atención a este asunto.

Roberto Solórzano
Roberto Solórzano

Panorama cultural

Una mujer trabaja en una hacienda de café. ¿Cómo será la vida de esta mujer?

Lea la lectura y haga las actividades siguientes.

Colombia y Venezuela

Colombia es un país con costa tropical, montañas y llanuras centrales. Sus recursos naturales son el petróleo, el gas natural, el carbón, el hierro, el níquel, el oro, el cobre y las esmeraldas. Su población está altamente alfabetizada. A pesar de eso, la economía colombiana está muy inestable. Sufre de una tasa de inflación muy alta (18%), una deuda externa que se ha triplicado desde 1994, la tasa de crecimiento económico más baja de toda Sudamérica, una tasa de cambio muy variable, y malestar social y militar. Por eso, los inversionistas internacionales consideran Colombia un riesgo alto.

Venezuela, al contrario, será uno de los mercados más importantes en el siglo XXI. Obtiene el 78% de sus ganancias exportadoras con la producción de petróleo (una industria controlada por el Estado). La exportación de petróleo representa el 27% del producto bruto interno y paga más de la mitad de los gastos para la operación del gobierno. El Estado quiere duplicar la producción de petróleo en la próxima década.

Actividades

Use el Internet para buscar información sobre los temas siguientes.

1. ¿Puede Ud. encontrar información en el Internet sobre los otros recursos naturales y productos de Venezuela y Colombia?
2. ¿Puede encontrar información o análisis de estos países para inversionistas extranjeros?
3. Busque en el Internet unos ejemplos de anuncios para productos de países hispanohablantes. ¿Cómo se comparan estos anuncios con los anuncios para productos parecidos de los Estados Unidos y el Canadá? En su opinión, ¿tendrán éxito estas campañas publicitarias? ¿Por qué?
4. ¿Puede Ud. encontrar en el Internet la página Web de una agencia de publicidad latinoamericana o española? ¿Puede encontrar revistas dedicadas a la publicidad?

Para encontrar esta información, use un buscador en español y palabras clave como "Venezuela e inversión extranjera", "agencias de publicidad" y los nombres de sus productos favoritos.

Vocabulario

Las personas asociadas con la publicidad

el/la mayorista	*wholesaler*
el/la detallista	*retailer*
el/la abastecedor/a	*supplier*
el/la distribuidor/a	*distributor*
el/la fabricante	*manufacturer*
el/la agente de publicidad	*marketing agent*
el equipo de mercadeo	*marketing team*
el/la consumidor/a	*consumer*
el/la promotor/a	*promoter*
el/la vendedor/a	*seller*

Los medios de difusión

los envíos por correo	*mailings*
la prensa	*press*
el periódico	*newspaper*
la revista	*magazine*
la radio	*radio*
la televisión	*television*
el anuncio	*advertisement*
el lema	*slogan*
el folleto	*pamphlet*
el catálogo	*catalogue*
el letrero	*signboard*
la publicidad, la propaganda	*publicity*
el truco publicitario	*publicity stunt*
el perfil del consumidor/ del mercado	*consumer/market profile*

Palabras asociadas con el producto

la marca	*brand name*
la durabilidad	*durability*
el diseño	*design*
la moda	*fashion*
la calidad	*quality*
la ganga, el descuento	*bargain*
la oferta	*offer*
un precio justo	*a fair price*
la gama de clientes	*gamut/range of clients*
el envase	*packaging*
las costumbres	*customs*
la imagen	*image*
los gustos	*preferences*
las exigencias	*needs; demands*
el estilo de vida	*life-style*
los valores	*values*
las creencias	*beliefs*
las actitudes	*attitudes*
el aroma	*smell*
el color	*color*
la textura	*texture*
el sabor	*taste*
el estudio del mercado, la investigación del mercado	*market study*
el mercado	*market*
la campaña publicitaria	*publicity campaign*
un mercado favorable al comprador/ al vendedor	*market favorable to the buyer/seller*
las fuerzas del mercado	*market forces*
el precio del mercado	*market price*
la encuesta	*survey*
la tentación	*temptation*
la competencia	*competition*

Verbos asociados con la publicidad

promover, fomentar	to promote
recopilar	to compile
crear un mercado	to create a market
diseñar	to design
lanzar un producto al mercado	to launch a product in the marketplace
salir a la venta	to go on sale
estar a la venta	to be on sale
recopilar datos, recoger datos	to gather data
formular una estrategia	to formulate a strategy
diseñar las tácticas	to design tactics
contar con	to rely on
analizar	to analyze
estimular	to stimulate
satisfacer	to satisfy
tentar	to tempt
engañar	to trick
atraer	to attract
persuadir	to persuade
poner en marcha	to begin (a project)
hacer una encuesta	to conduct a survey
entrar en juego	to enter into play
fijarse en	to notice; to focus on
distinguir	to distinguish
pedir una garantía	to ask for a guarantee
subir de estatus	to rise in status
estar a la moda	to be in fashion
sentirse cómodo/a	to feel comfortable
arriesgarse	to risk
atraer la atención, captar la atención	to attract attention

CAPÍTULO 9

Finanzas I

Anticipemos

¿Tiene Ud. una cuenta corriente, cuenta de ahorros o tarjeta de crédito? ¿Por qué?

¿Qué hay que hacer para obtener una cuenta en un banco o una tarjeta de crédito?

Describa algunos avances tecnológicos en el banco.

Además de cuenta corriente o cuenta de ahorros, ¿qué otros servicios ofrece el banco?

Antes de empezar el capítulo, repase el vocabulario al final del capítulo.

Paso 1

Empecemos

Abrir una cuenta corriente y una de ahorros

Alicia tiene que ir al banco para abrir cuentas para una oficina nueva.

Alicia: Buenos días. Quiero abrir una cuenta corriente y una cuenta de ahorros.

Banquera: Siéntese, por favor. ¿Tiene Ud. otra cuenta en este banco?

Alicia: No, pero voy a empezar a trabajar entre esta ciudad y Madrid, así que voy a necesitar cuentas en las dos ciudades.

Banquera: Ya veo. Entonces, ¿Ud. no es ciudadana de nuestro país?

Alicia: No, soy española.

Banquera: Está bien. Es que el formulario para extranjeros es un poco diferente. Llene esta planilla, por favor. ¿Cuánto dinero quiere depositar hoy?

Alicia: Voy a depositar 500 dólares en efectivo hoy y el martes llegará un cheque de caja que depositaré también.

Banquera: ¿Quinientos dólares americanos?

Alicia: Sí, algunos de mis clientes están en los Estados Unidos y me pagan en dólares. Puede cambiarlo, ¿no?

Banquera: Sí, claro, pero la tasa de cambio hoy está bastante mala.

Alicia: Pues, no puedo hacer nada sobre esto y tengo que abrir las cuentas hoy porque regreso a Madrid mañana.

Banquera: Bueno, déjeme explicarle las condiciones de las cuentas. Hay que mantener un balance específico en la cuenta corriente. Cuando el balance cae debajo de este límite, hay que pagar un costo de manutención.

Alicia: Comprendo. ¿Es igual con la cuenta de ahorros?

Banquera: No. La de ahorros puede tener cualquier balance. Con la cuenta corriente recibirá dos tarjetas bancarias para usar en el cajero automático. Además, uno de los beneficios de abrir las dos cuentas a la vez es que recibirá una caja fuerte de este tamaño gratis.

Alicia: ¿Qué tasa de interés se paga sobre el saldo de la cuenta de ahorros?

Banquera: Actualmente la cuenta de ahorros paga 4,5 por ciento y la cuenta corriente paga 2,5 por ciento si mantiene el balance mínimo; pero cobramos veinte centavos por cada cheque girado. ¿Quiere ver los modelos de los cheques?

Alicia: Sí, por favor, pero muéstreme sólo los cheques con duplicado.

Banquera: Va a recibir los cheques dentro de dos semanas. ¿Prefiere recibirlos en Madrid o en una dirección aquí?

Alicia: Por favor, envíelos a esta dirección.

Preguntas

1. Describa las condiciones de su cuenta de cheques o de una cuenta de cheques que Ud. haya visto anunciada en un banco.
2. ¿Es siempre posible abrir cuentas en un banco si Ud. no es ciudadano/a del país? ¿Por qué hay restricciones?
3. ¿Por qué necesita Alicia cuentas nuevas?
4. Nombre por lo menos dos complicaciones con que Alicia se enfrenta al tratar de abrir sus cuentas nuevas.
5. Describa las condiciones de las cuentas.
6. Describa los costos de manutención y el interés asociado con las cuentas.
7. Describa las otras amenidades del banco.

Charlemos un poco

A. Dibujos. Indentifique y describa los objetos en los dibujos siguientes.

B. ¿Cuánto sabe sobre cuentas bancarias? Escuche las preguntas que lee su profesor/a y contéstelas con frases completas.

1. _____

2. _____

3. _____

4. _____

C. Descripciones. Describa el proceso de...

1. abrir una cuenta en el banco
2. pagar una compra con un cheque
3. solicitar una tarjeta de crédito

Entrevista

👤👤 Alicia habla con el banquero sobre los detalles de abrir cuentas nuevas.

Primera etapa: Escriba por lo menos cinco preguntas para obtener información sobre los formularios necesarios, el proceso, las condiciones, etc.

Segunda etapa: Use las preguntas para entrevistar a un/a compañero/a de clase. Anote sus respuestas.

Tercera etapa: Escriba un párrafo que resume toda la información que obtuvo durante la entrevista. Puede usar las frases siguientes.

Hoy por hoy...	*For the time being, Under present circumstances...*
Siendo esto así...	*This being so...*
De un tiempo a esta parte...	*For some time now...*
Según quedó indicado en...	*As was indicated/pointed out in...*

Cuarta etapa: Preséntele esta información a la clase.

Situaciones

👤👤👤 En grupos de dos o tres compañeros de clase, representen una de las situaciones siguientes. Usen el vocabulario de este capítulo.

1. Ud. habla con el/la banquero/a para abrir una cuenta.
2. Ud. explica el uso del cajero automático a un/a cliente.
3. Ud. cambia y deposita dinero en la cuenta corriente.

Repaso de gramática

The Conditional

The conditional tense describes what would happen if certain conditions were met. The conditional tense, like the future tense, attaches the verb ending to the infinitive rather than the stem. Note the following examples.

-ar verbs		-er/-ir verbs	
yo gana**ría**	nosotros/as gana**ríamos**	yo recibi**ría**	nosotros/as recibi**ríamos**
tú gana**rías**	vosotros/as gana**ríais**	tú recibi**rías**	vosotros/as recibi**ríais**
él/ella/Ud. gana**ría**	ellos/ellas/Uds. gana**rían**	él/ella/Ud. recibi**ría**	ellos/ellas/Uds. recibi**rían**

La bancarrota no **sería** una opción.	*Bankruptcy would not be an option.*
Me **gustaría** abrir una cuenta en ese banco.	*I would like to open an account in that bank.*

Ejercicios

A. Necesidades bancarias. ¿Qué tendría Ud. que hacer en las situaciones siguientes? Complete las oraciones.

1. Para saber la tasa de interés, yo...
2. Para abrir una cuenta corriente, el gerente...
3. Para pagar sin usar dinero en efectivo, nosotros...
4. Para usar el cajero automático, ellos...
5. Para sacar dinero, Ud...

B. Descripciones. Unos cheques de su colega fueron devueltos y él quiere saber lo que Ud. recomienda. Escriba un párrafo que describe lo que Ud. haría. Use el condicional y dé por lo menos cinco sugerencias.

C. Más descripciones. Su colega perdió su tarjeta bancaria. Escriba un párrafo que describe lo que haría Ud. Use el condicional y dé por lo menos cinco sugerencias.

Escribamos

Ud. trabaja con un banco y tiene que escribir una carta para explicar por qué el banco no puede abrir una línea de crédito para un cliente.

Paso 2

Empecemos

La contabilidad

Alicia escribió este texto para una conferencia sobre la contabilidad y cómo ha cambiado.

La contabilidad es un sistema de documentar y analizar las transacciones financieras de una empresa. Se usan cuatro formularios para este proceso: el estado de ganancias, el estado del capital propio, el balance y el estado de flujo de caja. Primero, se prepara el estado de ganancias. El estado de ganancias incluye todas las ganancias, o sea la utilidad bruta, y todos los gastos de la empresa para determinar la utilidad neta. Se prepara el estado del capital propio después del estado de ganancias. Incluye información como el margen de beneficios al empezar y al cerrar el plazo. La diferencia entre el estado de ganancias y el estado del capital propio es que el estado del capital propio solamente contiene información sobre los totales. El balance describe la suma de todos los activos y pasivos en un momento dado. Finalmente, el estado de flujo de caja clasifica todas las transacciones en tres categorías: operaciones, inversiones o financiación.

Antes, los contadores escribían los estados a mano, pero hoy en día es posible prepararlos con la ayuda de las computadoras. Las cajas registradoras se conectan directamente a las computadoras y cuando se vende algo la computadora registra la venta. Los contadores todavía tienen que entrar información como los gastos generales (el alquiler, la nómina, la electricidad, el teléfono, etc.) y otros ingresos, por ejemplo, de inversiones. Entonces, la computadora calcula automáticamente los estados ya mencionados y otros estados financieros.

Preguntas

1. ¿Cómo son diferentes y similares la contabilidad de una empresa y lo que hacen individuos para manejar su dinero?
2. ¿Por qué es importante mantener un presupuesto y balancear la cuenta corriente?
3. Nombre los cuatro estados asociados con la contabilidad y descríbalos.
4. ¿Por qué hay un sistema tan rígido?
5. ¿Qué cambios se han visto recientemente en la contabilidad? ¿Hay nuevas leyes? ¿Cómo la afecta la tecnología?
6. En su opinión, ¿se ha simplificado la contabilidad? ¿Cómo?
7. ¿Qué pasa cuando una empresa tiene irregularidades con la contabilidad? ¿Puede Ud. recordar un caso de este tipo?

Charlemos un poco

A. Definiciones. Escuche mientras su profesor/a lee unas palabras. En cada caso dé el opuesto de esta palabra y una definición de ambas palabras.

1. _____

2. _____

3. _____

4. _____

5. _____

B. Vocabulario en contexto. Forme frases con las palabras siguientes.

1. la caja fuerte
2. el presupuesto
3. la deuda
4. sin fondos
5. el recibo

C. Solicitamos su opinión. Con un/a compañero/a de clase, hable de los temas siguientes.

1. ¿Cómo se llega a la bancarrota y qué se puede hacer para evitar este problema? ¿Qué se debe hacer para salir del apuro si ocurre?
2. ¿Cómo y por qué se usan el balance general, la hoja de cáculo, el libro de actas, el libro de caja y el libro de ventas?
3. ¿Qué se debe incluir en el reporte de movimientos de fondos?

Entrevista

Alicia habla con el contador de una compañía que casi está en bancarrota.

Primera etapa: Escriba por lo menos cinco preguntas para obtener información sobre los gastos y las ganancias, el presupuesto, etc.

Segunda etapa: Use las preguntas para entrevistar a un/a compañero/a de clase. Anote sus respuestas.

Tercera etapa: Escriba un párrafo que resume toda la información que obtuvo durante la entrevista. Puede usar las frases siguientes.

explicar detalladamente	*to explain specifically, with details*
idear un plan	*to formulate a plan*
plantear una cuestión	*to bring up a subject*
cargar las consecuencias	*to suffer the consequences*

Cuarta etapa: Preséntele esta información a la clase.

Situaciones

En grupos de dos o tres compañeros de clase, representen una de las situaciones siguientes. Usen el vocabulario de este capítulo.

1. Unos contadores hablan de los cambios en contabilidad debido a la tecnología. También hablen de sus ventajas y desventajas.
2. El/La contador/a le explica al/a la gerente las condiciones de un préstamo.
3. Los contadores hablan de cómo la compañía puede evitar la bancarrota.

Repaso de gramática

Irregular Verbs in the Conditional

Irregular conditional verbs use the same stems as the irregular future verbs.

saber	**sabr-**	poder	**podr-**
poner	**pondr-**	querer	**querr-**
venir	**vendr-**	haber	**habr-**
salir	**saldr-**	hacer	**har-**
tener	**tendr-**	decir	**dir-**

Tendría que invertir en estas acciones para recibir el interés que desea.
You would have to invest in these stocks to receive the interest you desire.

Ella **querría** saber cómo invertir su dinero de la forma más lucrativa.
She would want to know how to invest her money in the most lucrative way.

Ejercicios

A. Cuestiones financieras. ¿Qué haría Ud. en las situaciones siguientes? Use el condicional de los verbos entre paréntesis.

1. Si supiera que no hay suficiente dinero en la cuenta corriente, yo (poner)...
2. No he invertido mi dinero sabiamente. Si lo hubiera invertido sabiamente, yo (tener)...
3. Si hubiera invertido mi dinero en acciones lucrativas yo (poder)...
4. Si tuviera más dinero, yo (querer)...
5. Si tuviera un accionista de alta calidad, yo (hacer)...

B. Descripciones. Use los verbos siguientes y el vocabulario de este capítulo para escribir cinco frases usando el condicional.

saber   venir   salir   decir   proponer

1. _____
2. _____
3. _____
4. _____
5. _____

C. **Más descripciones.** Ud. acaba de recibir una carta de un colega describiendo sus problemas financieros. Escriba una respuesta dándole unos consejos. Use el vocabulario de este capítulo y el condicional.

Escribamos

Escriba una carta a un/a amigo/a que quiere ser contador/a. Dígale lo qué Ud. haría para tener éxito en esta profesión.

Paso 3

Empecemos

Solicitar un préstamo

La contadora de la compañía habla con una banquera sobre un préstamo.

Contadora: Buenos días. Me gustaría hablar con un agente de préstamos.

Banquera: Yo puedo ayudarla. ¿Para qué quiere Ud. solicitar un préstamo?

Contadora: Represento a Infotec, un empresa que vende equipos y servicios tecnológicos. Queremos abrir una sucursal en esta ciudad y necesitamos un poco más de dinero antes de empezarla.

Banquera: ¿Cuánto dinero quiere?

Contadora: Quisiéramos cincuenta mil dólares.

Banquera: Muy bien. ¿Tiene Ud. una copia del estado financiero de su empresa?

Contadora: Sí, aquí lo tiene. ¿Necesitaremos algún tipo de aval?

Banquera: Eso depende de los activos y pasivos de su empresa, entre otros factores, para tener una mejor idea de la estabilidad de su empresa. ¿Qué tipo de interés prefiere, fijo o variable?

Contadora: Pues, los intereses están muy bajos actualmente. Por eso, queremos un interés fijo.

Banquera: ¿Y supongo que Uds. ya han obtenido asesoramiento legal y financiero?

Contadora: Sí, claro. Nuestros abogados y contadores han repasado toda la información. Conocemos bien el mercado aquí ya que tenemos varios clientes en esta región.

Banquera: Muy bien, entonces llene esta planilla y veremos si Uds. califican para el préstamo.

Contadora: ¿Cuánto tiempo estima Ud. que tardarán en aprobar el préstamo?

Banquera: Entre una y dos semanas. Si el gerente no estuviera fuera del país, tomaría sólo cuatro o cinco días.

Preguntas

1. En su opinión, ¿es fácil para todo el mundo obtener un préstamo? Explique.
2. ¿Tiene Ud. un préstamo? ¿Para qué?
3. Dé unos ejemplos de por qué un individuo o empresa pide un préstamo.
4. En este caso, ¿por qué necesita Infotec un préstamo?
5. ¿Cuánto dinero pide?
6. ¿Requiere aval el banco?
7. ¿Qué tipos de interés ofrece el banco?
8. Describa las ventajas y riesgos de pedir un préstamo.

Charlemos un poco

A. Descripciones. Escuche las oraciones que lee su profesor/a. En cada caso indique si la oración es lógica o ilógica. Si no es lógica, corríjala.

1. _____
2. _____
3. _____
4. _____
5. _____

B. Asociaciones. Describa Ud. lo que asocia con los problemas financieros a continuación.

1. la bancarrota
2. el cheque sin fondos
3. la pérdida de los cheques
4. los gastos ilegítimos
5. una mala calificación crediticia

C. Solicitamos su opinión. Hable con un/a compañero/a de clase de los temas siguientes.

1. Describa las condiciones de un préstamo típico.
2. ¿Qué se necesita para calificar para un préstamo? ¿Es fácil calificar? ¿Por qué?
3. En su opinión, ¿cuál es mejor, el interés fijo o el variable? ¿Por qué?
4. ¿Qué puede hacer para recibir condiciones mejores cuando pide un préstamo del banco?

Entrevista

El banquero habla con una persona que está en bancarrota a causa de sus problemas económicos.

Primera etapa: Escriba por lo menos cinco preguntas para obtener información sobre sus gastos y ganancias, cómo puede mejorar su calificación crediticia, etc.

Segunda etapa: Use las preguntas para entrevistar a un/a compañero/a de clase. Anote sus respuestas.

Tercera etapa: Escriba un párrafo que resume toda la información que obtuvo durante la entrevista. Puede usar las frases siguientes.

un fracaso total	*a complete failure*
un éxito ruidoso	*a resounding success*
tomar un curso medio	*to take the middle road*
la justa medida entre	*the happy medium between*
un círculo vicioso	*a vicious cycle*

Cuarta etapa: Preséntele esta información a la clase.

Situaciones

👥👥 En grupos de dos o tres compañeros de clase, representen una de las situaciones siguientes. Usen el vocabulario de este capítulo.

1. El/La banquero/a le explica a un/a cliente lo que debe hacer después de perder su chequera.
2. El/La banquero/a y un/a cliente hablan de un cheque sin fondos. El/La cliente piensa que el banco ha perdido un depósito que hizo.
3. Ud. está en un país extranjero y tiene problemas con un cheque que quiere cobrar.

Repaso de gramática

The Conditional Perfect

The conditional perfect is used to talk about things that would have happened if things had been different. It uses the same past participles as the other perfect tenses. In the conditional perfect, **haber** is conjugated as follows.

haber	
yo habría	nosotros/as habríamos
tú habrías	vosotros/as habríais
él/ella/Ud. habría	ellos/ellas/Uds. habrían

Ellos no **habrían podido** recuperar las tarjetas de crédito perdidas sin la ayuda de la representante bancaria.
They would not have been able to recover the lost credit cards without the help of the bank representative.

Sin los consejos del contador nuevo, la compañía **habría llegado** a la bancarrota.
Without the new accountant's advice, the company would have gone bankrupt.

Ejercicios

A. Bajo otras circunstancias. ¿Qué habría hecho Ud. en las siguientes situaciones?

1. Si hubiera ahorrardo más dinero, yo...
2. Si hubieran podido pagar sus cuentas, ellos...
3. Si hubiera hecho cuadrar su cuenta, él...
4. Si hubiéramos pagado a corto plazo en vez de a largo plazo, nosotros...
5. Si hubieras consultado a un accionista, tú...

B. ¿Qué habría hecho Ud.? Termine la frase con por lo menos cinco expresiones propias.

Si no hubiera perdido mi tarjeta de crédito, yo...

> *Ejemplo:* ...habría comprado el último modelo de computadora portátil.

C. Descripciones. Dé por lo menos cinco ideas de lo que haría en las siguientes situaciones. Use el condicional.

1. Si yo hubiera sabido que habría un mercado alcista (*a bull market*), yo...
2. Si yo hubiera sabido que mis acciones iban a llevarme a la bancarrota, yo...

Escribamos

La tarjeta de crédito de la compañía tiene unos cargos ilegítimos. Explique el problema y cómo quiere resolverlo.

Una vez más

Antes de leer

1. Lea la primera frase de cada párrafo del artículo y entonces escriba por lo menos tres predicciones del tema del artículo.

   a. _____

   b. _____

   c. _____

2. Déle a la lectura un vistazo rápido para encontrar la información siguiente.

    a. ¿Qué son el IPC y el precio oficial del dinero?

    b. ¿A cuánto están los bonos?

    c. ¿Cuál es la inversión más rentable ahora?

A leer

Lea el artículo con cuidado y conteste las preguntas siguientes.

Ahorros y rentabilidad

Con un IPC interanual del 2,4% y el precio oficial del dinero al 2,5%, ahorrar hoy a corto plazo en España es una ruina, según los expertos. La razón es sencilla. El ahorro se retribuye al tipo oficial del dinero. Pero la inflación se come prácticamente esta rentabilidad y además hay que pagar impuestos por los rendimientos financieros. El resultado es que el ahorro arroja tasas negativas. En muchas ocasiones ni siquiera se logra a corto plazo mantener el patrimonio.

La situación para el ahorro a medio y largo plazo es menos pesimista. Tanto si se opta por la vía conservadora, como si incluye algo de riesgo. Para empezar, la deuda del Estado ofrece tipos superiores al 3% en bonos a tres y cinco años, que se elevan al 4%-4,5% en obligaciones a quince años y superan el 5% si el plazo es a 30 años. La inversión directa en acciones se puede ganar más de 10 a 15% dentro de un mínimo de ocho años.

Optar por los mercados internacionales supone asumir riesgos pero hasta ahora tales riesgos han dado a medio plazo sus frutos. Las excepciones han corrido a cargo de los mercados asiáticos o emergentes que sin embargo en la actualidad plantean buenas perspectivas de revalorización en períodos medios.

Preguntas

1. ¿Por qué recomienda el artículo que la gente no invierta su dinero a corto plazo en España?
2. Explique cómo se puede recibir una tasa negativa de interés con este tipo de inversión.
3. Describa la situación de los bonos y las acciones.
4. ¿Cómo son diferentes las acciones domésticas y las acciones internacionales?

Discusión

👤👤 Hable con un/a compañero/a de clase del tema siguiente: Siempre se oye que es importante invertir dinero para el futuro. ¿Entiende Ud. por qué? Cite por lo menos tres razones y forme un plan para invertir su dinero. Luego, compare sus ideas con otro grupo. ¿En qué se diferencian?

La carta de negocios

Lea la carta siguiente y úsela como modelo para escribir una carta que
da un informe desfavorable del crédito de un cliente. Use el
vocabulario de este capítulo y el vocabulario asociado con las cartas
comerciales que ya aprendió.

Muy señores míos:

Hacemos referencia a su carta del 10 del mes en curso, en la que recibimos una
petición de crédito y una lista de los bancos y casas comerciales que nos
suministró como referencias. En respuesta a su petición, tenemos el gusto de
informarles que, habiendo sido altamente satisfactorios los informes que
recibimos, podemos conceder a su compañía una línea de crédito con un límite
de $250.000. Encontrará los detalles de este acuerdo en el documento adjunto.

Atentamente,

José Castillo Valles

José Castillo Valles
SUBDIRECTOR GENERAL

Panorama cultural

Una vista de una calle central de Quito, una ciudad llena de historia, lugar de importancia para los españoles durante la conquista de América. ¿Cómo puede ver la historia de Quito en esta foto?

Lea la lectura y haga las actividades siguientes.

El Perú y el Ecuador

Durante los años 80, el Perú sufría de hiperinflación, una producción per cápita que bajaba y una deuda externa tan grande que el Banco Mundial rehusó seguir apoyando el sol peruano, la moneda nacional. Los gobiernos de los años 90 iniciaron un programa de austeridad económica para estimular la economía. Por eso, recientemente su economía ha mejorado, pero el desempleo es todavía alto. La minería y el petróleo forman la base de la economía. La mayoría de los productos exportados del Perú van a los Estados Unidos, Inglaterra, China, Alemania y Japón.

El Ecuador también tiene recursos naturales muy rentables como, por ejemplo, el petróleo y productos de madera, especialmente el papel. Sin embargo, su economía se basa principalmente en la exportación de bananas y camarones. Por eso, las fluctuaciones de los precios mundiales de estos productos pueden afectar a la economía del Ecuador negativamente. Durante los años 90, una serie de gobiernos han tratado de iniciar reformas económicas para reducir la dependencia de productos agrícolas, sin tener mucho éxito. Por eso, los inversionistas extranjeros todavía no están seguros de que el mercado ecuatoriano esté estable.

Actividades

Use el Internet para buscar información sobre los temas siguientes.

1. ¿Puede Ud. encontrar información específica en el Internet sobre los gobiernos actuales del Perú y el Ecuador y lo que hacen para reformar sus economías?
2. ¿Puede Ud. encontrar en el Internet un análisis del clima actual para inversiones extranjeras en el Perú y el Ecuador?
3. ¿Puede Ud. encontrar información en el Internet sobre un banco en un país hispanohablante? ¿Cuáles son las condiciones para abrir una cuenta en este banco? ¿para préstamos? ¿Qué tasa de interés ofrecen?

Para encontrar esta información, use un buscador en español y palabras clave como "reformas económicas y Perú", "inversión extranjera y Ecuador" y "bancos".

Vocabulario

Las personas asociadas con el banco y la inversión

el/la acreedor/a	*creditor*
el/la deudor/a	*debtor*
el/la inversionista	*investor*
el/la depositante	*depositor*
el/la endosante	*endorser*
el/la banquero/a	*banker*
el/la tenedor/a de libros	*bookkeeper*
el/la contador/a público/a titulado/a	*certified public accountant*

El pago

los fondos	*funds*
el dinero	*money*
el giro postal	*money order*
el cheque	*check*
el cheque de viajero	*traveler's check*
el cheque bancario, el cheque de caja	*cashier's check*
el pagaré	*I.O.U.*
el billete falso	*counterfeit bill*
la nómina	*payroll*
el debe	*money owed*
en efectivo	*cash*

El banco

la sucursal	*branch*
la banca telefónica	*telephone banking*
la caja fuerte	*safe*
el cajero automático	*automatic teller*

el carnet, la tarjeta de crédito	*credit card*
la tarjeta bancaria	*bankcard*
el talonario de cheques	*checkbook*
el costo de manutención/ de mantenimiento	*maintenance fee*
la cuenta corriente	*checking account*
la cuenta de ahorros	*savings account*
la cuenta por cobrar	*account receivable*
la cuenta por pagar	*account payable*
el préstamo	*loan*

La contabilidad

el presupuesto	*budget*
el estado contable	*accounting statement*
el estado financiero	*financial statement*
el estado de pérdidas y ganancias	*gains and loss statement*
el libro mayor	*balance ledger*
la hoja de cálculo	*spread sheet*
el libro de actas	*minutes book*
el libro de caja	*cashbook*
el libro de ventas	*salesbook*
el reporté el informe de movimientos de fondos	*report of funds movement*
el balance final/ de cierre	*final/closing balance*
el balance remanente	*balance carried down*

el balance a cuenta nueva	*balance carried forward*	la fecha de vencimiento	*due date*
la balanza de pagos	*balance of payments*	la calificación crediticia	*credit report*
el formulario	*form*	la caja registradora	*cash register*
el saldo	*balance*		

Verbos asociados con la banca y la contabilidad

las ganancias, los ingresos	*income*	hacer cuadrar las cuentas	*to balance the accounts*
los gastos, los egresos	*expenses*	ajustar el presupuesto	*to adjust the budget*
los gastos generales	*general expenses*	pagar al contado	*to pay (in) cash*
los gastos varios/ misceláneos	*miscellaneous expenses*	pagar a plazos	*to make payments, pay in installments*
los gastos de representación	*travel expenses*	pagar a corto (mediano, largo) plazo	*to make short (medium, long) term payments*
las pérdidas	*losses*		
la deuda	*debt*	depositar	*to deposit*
los beneficios	*benefits*	sacar, retirar	*to withdraw*
la tasa de interés	*interest rate*	sacar de apuro	*to rescue from bankrupcy*
la tasa de cambio	*exchange rate*		
la bancarrota	*bankruptcy*	llevar la contabilidad, llevar las cuentas	*to do the accounting*
la utilidad bruta	*gross profits*		
la utilidad neta	*net profits*	consultar	*to consult*
el margen de beneficio	*profit margin*	crecer	*to grow*
los pasivos	*liabilities*	encargar	*to entrust*
los activos	*assets*	perdonar una deuda	*to pardon a debt*
sin fondos	*without funds*	debitar	*to debit*
el sobregiro	*overdraft*	cobrar un cheque	*to cash a check*
el flujo de caja	*cash flow*	girar un cheque	*to write a check*
el recibo	*receipt*	aprobar	*to approve*
el plazo	*period*	asesorar	*to give advice*
el pago inicial	*initial payment*	calificar	*to qualify*
la fecha de cierre	*closing date*	devolver	*to return*

Finanzas II

Anticipemos

¿Tiene Ud. dinero invertido? ¿Cómo ha invertido Ud. su dinero?

¿Cuál prefiere Ud., tomar riesgos o invertir el dinero de una manera conservadora?

¿Tiene Ud. algún tipo de seguro? ¿Qué tipo? ¿Por qué?

¿Piensa Ud. que los impuestos en los Estados Unidos y el Canadá son justos? ¿Por qué sí o por qué no?

Antes de empezar el capítulo, repase el vocabulario al final del capítulo.

Paso 1

Empecemos

Las inversiones

Alicia revisa unos folletos sobre inversiones que le dio un contador.

Hay diversas maneras de invertir el dinero. Primero, hay que decidir si prefiere inversiones a largo o a corto plazo. Las inversiones a corto plazo normalmente pagan menos interés, pero los activos están más líquidos. Esto quiere decir que el dinero está más disponible. Por otro lado, las inversiones a largo plazo pagan más interés, pero no se puede usar el dinero durante todo el plazo de la inversión. Unos ejemplos de inversiones a plazo corto son las cuentas corrientes y tal vez los certificados de depósito. Los certificados de depósito son inversiones de plazo fijo —de unos meses a cinco años tradicionalmente— que normalmente pagan una tasa de interés de entre el 4 y el 8 por ciento. El inversionista compra el certificado de depósito en el banco. El banco usa el dinero para préstamos. Así el banco y el inversionista ganan interés.

Algunos ejemplos de inversiones a largo plazo son bonos, acciones, cuentas de mercado monetario y cuentas individuales de jubilación. Los bonos son también inversiones a plazo fijo, entre unos meses y treinta años. Los bonos se compran en el banco y el gobierno federal usa el dinero. Éstos pagan una tasa de interés alta. Generalmente, los bonos se consideran una inversión muy estable porque el gobierno federal es muy estable.

Cuando una persona invierte su dinero en acciones, en realidad compra una parte de esa compañía. Mientras más gane la compañía, más valdrán las acciones.

Cuando una persona tiene una cuenta individual de jubilación, cada semana se saca una cantidad de dinero de su sueldo para depositar semanalmente. El inversionista no puede sacar el dinero de la cuenta hasta tener sesenta y cinco años. Hay por lo menos dos ventajas en una cuenta individual de jubilación. Primero, se deposita el dinero del sueldo antes de que el gobierno le grave los impuestos. Así, el dinero está libre de impuestos. Segundo, como las cuentas individuales de jubilación son generalmente de un plazo bien largo, ganan una tasa de interés alta. Es muy posible doblar o triplicar la inversión original si se abre la cuenta temprano en la vida laboral de la persona.

Preguntas

1. ¿Cree Ud. que las personas en países hispanohablantes tienen las mismas oportunidades para invertir dinero? Explique.
2. ¿Hay tipos de inversiones que sean más seguros durante períodos de recesión económica?
3. ¿Qué tipos de inversiones normalmente asocia Ud. con empresas? ¿con individuos? Explique.
4. ¿Qué se debe considerar antes de invertir el dinero?
5. Describa unos ejemplos de métodos de invertir el dinero a corto plazo.
6. Describa unos ejemplos de métodos de invertir el dinero a largo plazo.
7. Describa las ventajas y desventajas de cada uno de estos tipos de inversión.

Charlemos un poco

A. Definiciones. Escuche mientras su profesor/a define varias palabras del vocabulario. En cada caso indique qué palabra define.

1. _____   4. _____

2. _____   5. _____

3. _____

B. Más definiciones. Describa la diferencia entre las siguientes cosas.

1. el bono y las acciones
2. la cuenta del mercado monetario y la cuenta individual de jubilación
3. plazo fijo y plazo variable
4. el accionista y el inversionista
5. bienes raíces y bienes muebles

C. Solicitamos su opinión. Con un/a compañero/a de clase, hable de los temas siguientes.

1. En su opinión, ¿es importante invertir dinero? ¿Por qué?
2. ¿Cuál es el mejor método de invertir su dinero?
3. ¿Es importante tener una buena calificación crediticia? ¿Cómo se la puede obtener?
4. Explique el proceso de pedir prestado dinero y de solicitar una línea de crédito.

Entrevista

La inversionista y un cliente hablan de cómo debe invertir su dinero.

Primera etapa: Escriba por lo menos cinco preguntas para obtener información sobre cuánto dinero debe invertir, cómo debe invertirlo, los riesgos, etc.

Segunda etapa: Use las preguntas para entrevistar a un/a compañero/a de clase. Anote sus respuestas.

Tercera etapa: Escriba un párrafo que resume toda la información que obtuvo durante la entrevista. Puede usar las frases siguientes.

es poco frecuente que...	*it is rare that...*
se corre la voz que...	*it is rumored that...*
tomar por cierto, dar por hecho	*to take for granted*

Cuarta etapa: Preséntele esta información a la clase.

Situaciones

En grupos de dos o tres compañeros de clase, representen una de las situaciones siguientes. Usen el vocabulario de este capítulo.

1. Dos colegas hablan de la manera más lucrativa de invertir su dinero.
2. El/La agente y los clientes hablan del aval necesario para un préstamo.
3. Un/a cliente quiere liquidar prematuramente su cuenta individual de jubilación. El/La agente habla de las desventajas de hacerlo.

Repaso de gramática

The Past Subjunctive

A. To conjugate the past subjunctive, use the third person plural of the preterite tense, drop the **-ron,** and add either of two sets of endings. The following chart shows the past subjunctive of **estar**; the alternate endings are boldfaced.

estar			
yo	estuvie**ra,** estuvie**se**	nosotros/as	estuvié**ramos,** estuvié**semos**
tú	estuvie**ras,** estuvie**ses**	vosotros/as	estuvie**rais,** estuvie**seis**
él/ella/Ud.	estuvie**ra,** estuvie**se**	ellos/ellas/Uds.	estuvie**ran,** estuvie**sen**

Note the addition of an accent mark to the final stem vowel of the **nosotros** form: **estuviéramos, habláramos, comiésemos,** etc.

B. The past subjunctive is used under the same conditions as the present subjunctive. In other words, it is used in sentences with two clauses, with a change of subject between the two clauses, and a verb of volition, doubt, emotion, or an impersonal expression in the main clause. The past subjunctive may also be used in adverbial and adjectival clauses. The sequence of tenses determines whether the present or past subjunctive will be used in the subordinate clause. Note the following rules for the sequence of tenses.

Main Clause	Subordinate Clause
present future present perfect future perfect	Use present or present perfect subjunctive
imperfect preterite conditional pluperfect conditional perfect	Use past or pluperfect subjunctive

Es preciso que **resuelvas** la situación. (present)
Será preciso que **resuelvas** la situación. (future)

Era preciso que **resolvieras** la situación. (imperfect)
Sería preciso que **resolvieras** la situación. (conditional)

C. Note that the sequence of tenses is not an "iron-clad" rule. It applies only when the action in both clauses occur at the same time.

Necesito que **estés** en la reunión.
I need you to be at the meeting. (Both my "need" and your "presence" occurred at the same general time.)

When the action in the two clauses occurs at different times, the sequence of tenses does not apply.

Siento que **perdiera** ese cliente.
I'm sorry you lost that client. (i.e., I'm sorry *right now* that sometime *in the past* you lost that client.)

¿Qué **hizo** Ud. para que el cliente **esté** tan enojado?
What did you do to make the client so angry? (i.e., What did you do *in the past* that he's so angry about *now*?)

Ejercicios

A. Cosas del pasado. Use los elementos en las columnas A y B y expresiones propias para formar frases completas que usan el subjuntivo.

A		B
Sería ideal		conceder un crédito
No había nadie		pedir prestado
No quise	que	invertir
Sentía		perder
Dudó		prestar

B. Reacciones. Termine las frases con su propia expresión usando el subjuntivo.

1. No creí que...
2. Era probable que...
3. Preferiría que...
4. Habría sido mejor que...
5. Temía que...

C. Descripciones. Escriba un párrafo sobre el tema siguiente usando el subjuntivo y las frases sugeridas.

Tema: Su compañía perdió una gran cantidad de dinero en la Bolsa.

sentía que	era dudoso que
era una lástima que	era imposible que

Escribamos

Escriba un reporte para describir las inversiones que ha hecho y su rentabilidad.

Paso 2

Empecemos

Los impuestos

Alicia lee un articulo sobre los impuestos.

En los Estados Unidos y el Canadá, cada persona tiene que pagar impuestos, aunque no quiera hacerlo, y puede ser un proceso complejo. Primero, hay que entender en qué consisten los ingresos. En enero cada persona recibe un comprobante de sueldo que indica la cantidad de dinero ganado durante el año fiscal pasado. Pero, no sólo el sueldo sino también cualquier dinero que se recibe de regalos, premios, donaciones, legados, herencias, derechos de autor, la venta de bienes o intereses de inversiones pueden estar sujetos al pago de impuesto. La suma de todo el dinero que se gana de estas fuentes es el ingreso neto. Normalmente, hay una cantidad de dinero que se gana que está exenta del pago de impuestos. Por ejemplo, se puede recibir un regalo de menos de 10.000 dólares sin tener que pagar impuestos. También, ciertas inversiones están exentas. Además de estas exenciones se pueden tomar deducciones. Se pueden deducir los intereses de la hipoteca de la casa, algunos gastos médicos, las contribuciones a instituciones de caridad y gastos misceláneos del trabajo. Pero, normalmente hay límites de lo que se puede deducir. También, cada persona recibe una deducción general. Después de restar las deducciones del ingreso neto, tienen el ingreso bruto ajustado. Se busca esta cifra en la escala de impuestos para determinar lo que se debe.

Éste es solamente el proceso de pagar impuestos individuales al gobierno federal o estatal. También en muchos estados hay impuestos sobre la venta, los servicios y la propiedad. En la mayoría de los países hispanohablantes, los sueldos de los trabajadores están libres de impuestos. Los gobiernos de estos países obtienen la mayoría de su dinero de impuestos a la propiedad, impuestos de la aduana, etc. En España y México, también tienen el I.V.A., el impuesto al valor agregado. El I.V.A. es un impuesto agregado al valor del producto durante su producción.

Preguntas

1. ¿Qué opina Ud. del sistema de impuestos en nuestro país? ¿Cómo debemos cambiarlo?
2. ¿Estaría Ud. de acuerdo en aplicar mayores impuestos a artículos como los cigarrillos, la gasolina y otros artículos de lujo? Explique su posición.
3. ¿Qué tipos de ingresos están sujetos al pago de impuestos?
4. ¿Qué tipos de ingresos están exentos al pago de impuestos?
5. Además de los ingresos personales, nombre y describa tres tipos de impuestos.
6. Describa las diferencias entre los impuestos en los Estados Unidos y el Canadá y en los países hispanohablantes.

Charlemos un poco

A. Definiciones. Escuche mientras su profesor/a define unas palabras del vocabulario. En cada caso identifique las palabras que define.

1. _____   4. _____

2. _____   5. _____

3. _____

B. Más definiciones. Describa el uso de las siguientes cosas.

1. el comprobante de sueldo y de descuentos
2. las exenciones y desgravaciones
3. la escala de impuestos
4. el formulario de declaración de renta
5. los impuestos federales y estatales

C. Solicitamos su opinión. Con un/a compañero/a de clase, hable de los siguientes temas.

1. ¿Son justos los impuestos que hay que pagar? ¿Hay desigualdades en el código fiscal?
2. ¿Por qué tenemos que pagar impuestos? ¿Qué hace el gobierno con el dinero?
3. ¿Prepara Ud. su propio formulario de declaración de renta o emplea a un agente que lo hace? ¿Por qué sería necesario emplear a un agente?
4. ¿Cómo puede reducir la cantidad que hay que pagar?

Entrevista

👤👤 Alicia y el contador se preparan para una auditoría de la compañía.

Primera etapa: Escriba por lo menos cinco preguntas para obtener información sobre el proceso, lo que necesitarán, las multas posibles, etc.

Segunda etapa: Use las preguntas para entrevistar a un/a compañero/a de clase. Anote sus respuestas.

Tercera etapa: Escriba un párrafo que resume toda la información que obtuvo durante la entrevista. Puede usar las frases siguientes.

malinterpretar	*to misinterpret*
salirse de un aprieto	*to get out of a hole*
en vista de cómo están las cosas...	*as things now stand...*

Cuarta etapa: Preséntele esta información a la clase.

Situaciones

👤👤👤 En grupos de dos o tres compañeros de clase, representen una de las situaciones siguientes. Usen el vocabulario de este capítulo.

1. El/La agente le explica a un/a cliente cómo rellenar el formulario de declaración de renta.
2. El/La agente y el/la cliente hablan de diferentes desgravaciones.
3. Después de una auditoría, los contadores tratan de explicar los errores que han hecho y por qué la compañía tendrá que pagar varias multas.

Repaso de gramática

"If" Clauses

An "if" clause is one where the action of the verb is unfulfilled or hypothetical.

If I had a million dollars,... (meaning: I do not have a million dollars.)

These unfulfilled or hypothetical situations are expressed by the past subjunctive. The result clause uses the conditional.

Si yo **tuviera** un millón de dólares, **viviría** como un rey.
If I had a million dollars, I would live like a king.

Me **cargarían** un interés más alto si no **pagara** mensualmente.
They would charge me a higher interest rate if I did not pay monthly.

Note: **Si** is never followed by the present subjunctive or present perfect subjunctive.

Ejercicios

A. ¿Qué pasaría si...? Termine las frases hipotéticas usando el vocabulario entre paréntesis.

1. Tendría que ir a la cárcel si _____ (no pagar) los impuestos.
2. Sería más difícil pagar los impuestos si _____ (no tener) mi comprobante de sueldo y de descuentos.
3. Debería más dinero si _____ (no poder) deducir desgravaciones.
4. No tendría que pagar la pensión alimenticia si mi esposo _____ (casarse) de nuevo.
5. Estaría en una banda impositiva más alta si _____ (ganar) más dinero.

B. Los impuestos. Termine las frases siguientes con una expresión propia. Use el subjuntivo.

1. Sería más fácil pagar los impuestos si...
2. El gobierno haría reformas en el sistema de impuestos si...
3. Rellenaría el formulario de declaración de renta si...
4. Donaría más dinero a instituciones de caridad si...
5. Podría entender la escala de impuestos si...

C. Cómo pagar menos impuestos. Dé por lo menos cinco sugerencias de cómo su colega podría bajar su banda impositiva.

Escribamos

Escriba un memorándum que explique las razones por las que la compañía está sujeta a una auditoría.

Paso 3

Empecemos

Los seguros

Alicia habla con un agente de una aseguradora sobre el seguro comercial.

Alicia: Buenos días. Represento a la empresa Infotec y estamos pensando en cambiar de aseguradoras porque la empresa ha crecido mucho. Me gustaría hablar de la cobertura que Uds. ofrecen para asegurar el negocio.

Agente: ¿Me puede describir la empresa?

Alicia: Claro. Tenemos sucursales en veinte ciudades de España y Sudamérica. Cada surcusal tiene oficinas de entre veinte y treinta personas, un laboratorio con una considerable cantidad de equipo tecnológico y un centro de distribución desde el cual hacemos nuestros envíos. El centro de distribución normalmente almacena mucho equipo también.

Agente: ¿Son suyos todos los edificios?

Alicia: No, los alquilamos todos.

Agente: Entonces, puede comprar un seguro que cubra los equipos, los enseres y muebles, y las herramientas de su negocio.

Alicia: Sí, exactamente. Quiero asegurar el negocio contra todo riesgo. ¿Tienen Uds. tal póliza?

Agente: Sí, señora. Tenemos una póliza total que cubre restitución de pérdidas por daños causados por incendios, robos, motines y otros fenómenos naturales como tornados, inundaciones, huracanes y nevadas.

Alicia: ¿No incluye terremotos?

Agente: No. Ése es un seguro aparte. También debo decirle que los seguros contra huracanes van a ser más caros en ciertas partes de Sudamérica.

Alicia: Bueno, también quiero información sobre los planes para seguros médicos que puede ofrecernos para nuestros empleados.

Agente: ¿Y cuántos empleados tiene la empresa?

Alicia: Tiene más o menos quinientos empleados.

Agente: Muy bien. Llene este formulario y puedo hacerle una cotización.

Preguntas

1. ¿Cómo son diferentes y similares los seguros que compran empresa e individuos?
2. Describa Ud. la póliza del seguro de su coche, casa o negocio.
3. ¿Por qué necesita la empresa de Alicia encontrar nuevas aseguradoras?
4. ¿Qué tipos de seguros le interesan a Alicia?
5. Describa las pólizas.
6. Describa las complicaciones que hay en cuanto a los seguros de propiedad.

Charlemos un poco

A. Seguros de todo tipo. Escuche mientras su profesor/a lee unas oraciones incompletas. En cada caso indique qué tipo de seguro se necesita.

1. _____

2. _____

3. _____

4. _____

B. Definiciones. Dé una definición de las palabras siguientes.

1. el seguro colectivo
2. la cobertura
3. la prima
4. la reclamación
5. declarar culpable

C. Preguntas y respuestas. Conteste las preguntas siguientes.

1. ¿Cuál es la diferencia entre seguro colectivo e individual?
2. ¿Qué factores influyen en la prima?
3. ¿Por qué se considera a algunas personas de alto riesgo y se les niegan los seguros?
4. En su opinión, ¿hay tipos de seguro que son imprescindibles tener? ¿Hay otros que no son tan importantes?
5. ¿Qué seguros normalmente recibe Ud. como parte de sus prestaciones?

Entrevista

👤👤 Alicia habla con un agente para abrir una póliza.

Primera etapa: Escriba por lo menos cinco preguntas para obtener información sobre la prima, la cobertura, el proceso de hacer una reclamación, etc.

Segunda etapa: Use las preguntas para entrevistar a un/a compañero/a de clase. Anote sus respuestas.

Tercera etapa: Escriba un párrafo que resume toda la información que obtuvo durante la entrevista. Puede usar las frases siguientes.

hacer la vista gorda	*to turn a blind eye*
escaparse por un pelo	*to escape by the skin of one's teeth*
revestir importancia	*to take on importance*
hacer frente a una situación	*to face a situation*

Cuarta etapa: Preséntele esta información a la clase.

Situaciones

👤👤👤 En grupos de dos o tres compañeros de clase, representen una de las situaciones siguientes. Usen el vocabulario de este capítulo.

1. Un/a cliente habla con un/a agente para hacer una reclamación.
2. Un/a cliente habla con un/a agente para cancelar su póliza después de ser informado/a de un aumento de la prima.
3. Un/a agente trata de venderle a un/a cliente otros tipos de seguros.

Repaso de gramática

Other Uses of the Past Subjunctive

In addition to "if" clauses, the past subjunctive is always used in certain expressions. The three most common are:

A. como si (as if)

> Preparó sus pólizas de seguros **como si se fuera** a morir.
> *He prepared his insurance policies as if he were going to die.*

B. qué/quién (what/whom)

> **¡Quién supiera** el futuro!   *Who can guess the future!*

C. in place of the conditional to be more polite or formal

> **Quisiera** entender mejor esta póliza.
> *I would like to understand this policy better.*

Ejercicios

A. Cuestiones de seguros. Complete las oraciones con el subjuntivo del verbo entre paréntesis.

1. Aunque tiene seguros buenos, teme los desastres naturales como si lo _____ (perder) todo.

2. La compañía me ofreció tantos seguros como si me _____ (ir) a morir.

3. ¡Quién no _____ (tener) que pagar tanto dinero por los seguros médicos!

4. ¡Quién _____ (entender) todas las cláusulas de las pólizas!

5. Si Ud. me _____ (poder) explicar la póliza, me haría un gran favor.

B. **Reacciones.** Responda a las quejas siguientes con una exclamación que use la frase **como si** o **quién**.

1. Hay tantos diferentes tipos de seguros y tantas diferentes leyes sobre el seguro.
2. Mi compañía de seguros no me reembolsó.
3. No entiendo esta póliza.
4. No tienen el tipo de seguro que quiero.
5. No hay nadie que quiera darme seguro médico.

C. **Más cuestiones de seguros.** Traduzca las frases siguientes. Use el subjuntivo.

1. Who could understand all these forms!
2. They treat us as if we had all the money in the world to spend!
3. I would like to order five more copies of this document.
4. If I had more time, I would investigate more insurance companies.
5. He always doubted that I could close that deal.

Escribamos

Escriba una carta para averiguar más información sobre su póliza.

Una vez más

Antes de leer

1. Lea la primera frase de cada párrafo del artículo y entonces escriba por lo menos tres predicciones sobre el contenido del artículo.

   a. _____

   b. _____

   c. _____

2. Déle al artículo un vistazo rápido para encontrar la información siguiente.
   a. ¿Dónde adquirieron los bonos?
   b. ¿Quién es Jaime Valdivia?
   c. ¿Qué tasa de interés pagan los bonos?

3. ¿Puede Ud. reconocer los cognados siguientes? Dé una definición de estas palabras en español.
   a. la abstinencia
   b. emitido
   c. emergentes
   d. la recompensa

A leer

Lea el artículo con cuidado y conteste las preguntas siguientes.

La economía en la Argentina

Tras dos meses de abstinencia, la Argentina logró conseguir un préstamo de algo más de 500 millones de dólares mediante la colocación voluntaria de dos bonos públicos. Los títulos, íntegramente emitidos en euros (la nueva moneda europea), fueron mayoritariamente adquiridos por pequeños y medianos inversores de Italia, Alemania y Suiza. Jaime Valdivia, director ejecutivo para la región de Morgan Stanley Dean Witter (un banco norteamericano), tuvo a su cargo la venta de uno de los bonos. Al participar en este riesgo, los inversores sin duda buscaron aprovechar los buenos rendimientos que ofrece la Argentina, ciertamente superiores a los que pueden obtener por colocaciones en sus países de origen. De hecho, uno de los bonos que el gobierno colocó ayer a nueve años pagará un interés del 15 por ciento anual por dos años a sus compradores. La recompensa se reduce luego al 8 por ciento, hasta terminar redondeando un costo del 10,4 por ciento anual para el Tesoro argentino. En Europa se recibe algo más del 4 por ciento. Además de ayudar a los inversionistas, el interés en el mercado sudamericano que estos inversionistas mostraron declara que todavía mantienen confianza en la capacidad de repago local pese a los problemas que enfrenta la economía por la crisis en el Brasil. Esta confianza es sumamente importante porque abre la puerta para que otros países emergentes puedan también salir a obtener fondos.

Preguntas

1. ¿Qué recibió el gobierno de la Argentina? ¿De dónde?
2. ¿Por qué es importante en el mercado internacional?
3. ¿Por qué le interesa a tantos inversores?

Discusión

👤👤 El artículo menciona que los inversionistas extranjeros tienen interés en ciertos bonos porque ofrecen tasas de interés más altas que las que pueden recibir en sus propios países. ¿Ha invertido Ud. en mercados extranjeros para mejor rendimiento? ¿Conoce a alguien que lo haya hecho? Hable con un/a compañero/a de clase de este tema. ¿Cuáles serían las ventajas y desventajas? ¿Hay más o menos riesgo? ¿Sería más difícil?

La carta de negocios

Lea la carta siguiente y úsela como modelo para escribir una carta para hacer una reclamación. Use el vocabulario de este capítulo y el vocabulario asociado con las cartas comerciales que ya aprendió.

Estimados señores:

Nuestra compañía ha crecido mucho el año pasado y ahora tenemos más de 30 empleados. Por eso, queremos preparar un plan completo de seguros para ofrecerles. Les hemos pedido cotizaciones a tres compañías de seguro. Sírvanse enviarnos una cotización con información sobre:

seguros médicos
seguros de vida
seguros de accidentes de trabajo

Queremos tomar una decisión para fin de este mes. En espera de su contestación, le saludamos muy atentamente.

Maribel Gómez de la Hoya

Maribel Gómez de la Hoya
DIRECTORA

Panorama cultural

Un crucero por el canal de Panamá. ¿Le gustaría a Ud. hacer un viaje de este tipo? ¿Por qué?

Lea la lectura y haga las actividades siguientes.

Panamá, Honduras y El Salvador

La economía de Panamá se basa en servicios asociados con el canal y el turismo. Además de los servicios, Panamá produce cobre, bananas, camarones y caoba, una de las maderas más raras y preciosas del mundo. Exporta principalmente a los Estados Unidos y a la Unión Europea. Desde 1994 el gobierno de Panamá ha iniciado programas para atraer la inversión extranjera y para la privatización de industrias actualmente controladas por el Estado. Debido a estas reformas, la economía de Panamá ha crecido casi el 4% cada año.

La economía de Honduras se basa en la exportación de bananas, café, camarones y langosta a los Estados Unidos, la UE y Japón. Tiene que importar casi todos sus bienes de consumo, maquinaria, materias primas, petróleo y comestibles de los Estados Unidos, Guatemala, Japón, Alemania, México y El Salvador. Recientemente el gobierno ha tratado de iniciar reformas para controlar la tasa de cambio, la inflación, el desempleo y para privatizar las industrias. Es todavía temprano para determinar si estas reformas llevan a cabo su propósito.

El Salvador es el país más pequeño de América Central y tiene la tasa de alfabetismo más baja del continente (el 73% para hombres; el 69% para mujeres). A pesar de eso, varias reformas económicas recientes han disfrutado de mucho éxito. Estas reformas incluyen una política fiscal muy conservadora que promociona la inversión extranjera. Ahora el país tiene una tasa de inflación de solamente el 2% y una tasa de desempleo del 7%. La economía de El Salvador todavía se basa en la exportación de café, azúcar y camarones, pero el país tiene una capacidad enorme de generar energía hidroeléctrica y energía geotérmica que quiere explotar en el futuro.

Actividades

Use el Internet para buscar información sobre los temas siguientes.

1. ¿Puede Ud. encontrar información en el Internet sobre los cambios que han ocurrido en Panamá ahora que controlan el canal?
2. ¿Puede Ud. encontrar información en el Internet sobre el estado de las reformas económicas en Honduras y El Salvador?
3. ¿Puede Ud. encontrar información específica en el Internet sobre los sistemas de impuestos en los países hispanohablantes?

Para encontrar esta información, use un buscador en español y palabras clave como "el canal de Panamá", "reformas económicas y Honduras" e "impuestos y El Salvador".

Vocabulario

La inversión

el activo	*asset*	el capital	*capital*
el pasivo	*liability*	la línea de crédito	*credit line*
el haber	*monies owed to you*	el déficit	*deficit*
el debe	*monies you owe*	la escalada alcista	*upward trend*
el interés	*interest*	la plusvalía	*capital gain*
el interés compuesto	*compound interest*	la comisión	*comission*
la tasa de interés	*interest rate*	la deducción	*deduction*
el rendimiento, la rentabilidad	*profitibility*	el préstamo	*loan*

el aval	*collateral*
la hipoteca	*mortgage*
los bienes inmuebles, los bienes raíces	*real estate*
los bienes muebles	*movable goods*
el contrato	*contract*
el trámite	*procedure*
la bancarrota, la quiebra, la insolvencia	*bankruptcy*
a plazo fijo	*fixed rate*
a plazo variable	*variable rate*
lucrativo	*lucrative*
anualmente	*annually*
mensualmente	*monthly*
semestralmente	*by semester*
semanalmente	*weekly*
trimestralmente	*by trimester*
los altibajos	*ups and downs*
oferta y demanda	*supply and demand*
el superávit	*surplus*

Los tipos de inversión

el bono	*bond*
las acciones	*stocks*
la Bolsa, el mercado de valores	*stock market*
el certificado de depósito	*certificate of deposit (CD)*
los certificados de alta/baja rentabilidad	*high/low yield certificates*
la cuenta individual de retiro	*individual retirement account (IRA)*
la cuenta del mercado de dinero	*money market account*
el dividendo	*dividend*
la utilidad	*profit*
la institución de caridad	*charity*
el premio	*award, prize*

Las personas asociadas con la inversión

el/la accionista	*stockholder*
el/la inversionista, el/la inversor/a	*investor*
el/la acreedor/a	*creditor*
el/la deudor/a	*debtor*

Verbos asociados con la inversión

conceder un crédito	*to concede a credit*
aprobar	*to approve*
negar	*to deny*
prestar	*to lend, loan*
pedir prestado	*to borrow*
invertir	*to invest*
ingresar	*to credit*
liquidar	*to liquidate*
perder	*to lose*
tasar	*to value*
gravar un impuesto	*to impose a tax*

Los impuestos

el impuesto federal	*federal tax*
el impuesto estatal	*state tax*
el impuesto sobre la venta	*sales tax*
el impuesto a los servicios	*tax on services rendered*
el impuesto a la propiedad	*property tax*
el/la contribuyente	*taxpayer*
libre de impuestos	*tax free*
sujeto a impuestos	*subject to tax*
la desgravación fiscal	*tax abatement, tax relief*
la base imponible/impositiva	*tax base*
la banda impositiva	*tax bracket*
los ingresos gravables	*taxable income*

la escala de impuestos	tax rate table	**Los seguros**	
el formulario de declaración de renta	tax form	el/la asegurado/a, el/la subscriptor/a	policy holder
la devolución de impuestos	tax return	el asegurador	insurer
		el seguro	insurance
el año fiscal	fiscal year	el seguro de accidentes de trabajo	worker's insurance, worker's comp
el código fiscal	fiscal law		
la desgravación, la deducción	deduction	el seguro grupal, el seguro colectivo	group insurance
la deducción general	general deduction	el seguro de salud	health insurance
la exención	exemption	el seguro de vida	life insurance
la pensión alimenticia	alimony	la renta vitalicia	life annuity
el derecho de autor	royalty	el seguro automovilístico	car insurance
la herencia	inheritance	el seguro dotal	endowment insurance
el legado	bequest	el seguro de propiedad	property insurance
el ingreso bruto ajustado	adjusted gross income	la póliza	policy
el ingreso neto	net income	la cobertura (comprensiva)	(comprehensive) coverage
el comprobante de sueldo y de descuentos	W-2 form	la indemnización	indemnization
casado	married	la reclamación	claim
conjunto	joint	la prima	premium
cabeza de la familia	head of household	la probabilidad de vida	life expectancy
debido, vencido	due	el riesgo	risk
		la cotización	quote
		el daño	damage

Verbos asociados con los impuestos

		el equipo, los enseres	equipment
estar sujeto al pago de impuestos	to be subject to tax		

Verbos asociados con los seguros

estar exento del pago de impuestos	to be tax exempt	asegurar	to insure
		faltar	to lack
registrar los impuestos	to file taxes	incluir	to include
reportar	to report	aconsejar	to advise
rellenar el formulario	to fill out the form	alcanzar	to achieve
restar	to subtract	declarar culpable	to declare guilty
		reembolsar	to reimburse

C A P Í T U L O 11

Asuntos legales
en los negocios

Anticipemos

¿Puede Ud. describir un caso judicial famoso?

¿Qué sabe Ud. del proceso judicial penal? ¿civil?

*En su opinión, ¿es el sistema legal de los Estados Unidos y el Canadá
justo? ¿Cómo debemos cambiarlo?*

¿Cuál es el delito más común en el mundo de los negocios?

Antes de empezar el capítulo, repase el vocabulario al final del capítulo.

Paso 1

Empecemos

El proceso judicial

Alicia asiste a una conferencia para entender mejor el proceso judicial.

El proceso judicial es complejo y requiere una multitud de personas
para funcionar. La figura central en el tribunal es el juez. Es la
responsabilidad del juez controlar lo que ocurre durante el juicio. Tiene
que asegurar que todo sigue según dicta la ley local, estatal o federal.
También es el juez que pronuncia sentencia.

Además del juez, hay varios abogados que toman parte en el juicio.
Primero, los abogados penalistas participan en el juzgado en lo penal
mientras los abogados civiles argumentan el derecho civil. En cualquier
caso, por lo menos dos abogados participan en el juicio: el abogado
acusador y el abogado defensor. El abogado acusador presenta
evidencia para tratar de probar la culpabilidad del acusado. En los
juicios más importantes, el fiscal puede tener la responsabilidad de
llevar la acusación. El abogado defensor defiende al acusado.

En los Estados Unidos y el Canadá, cada ciudadano tiene derecho a un juicio ante jurado si está acusado y lo quiere. También, todos los ciudadanos tienen el deber de ser miembros de un jurado. El jurado oye la evidencia que los abogados presentan y tiene que decidir si el acusado es inocente o culpable. Frecuentemente, el jurado sugiere la sentencia también.

Finalmente, en cada juicio participan testigos que testifican, o sea, describen lo que han visto. Hay dos tipos de testigos: el testigo normal y el perito. El testigo normal puede ser cualquier persona que vio o sabe algo pertinente al delito. El perito es una persona como, por ejemplo, un médico, un científico o un psicólogo, que puede ofrecer testimonio experto.

Preguntas

1. ¿Tuvo Ud. la oportunidad de ver algún parte del proceso judicial? Describa las circunstancias.
2. Nombre y describa algunas de las diferencias entre los derechos que tenemos en nuestro país y los derechos que tienen personas en otros países.
3. ¿Quién es la figura central en el tribunal? Describa su papel.
4. En casos muy importantes, ¿qué tipo de abogado puede desempeñar un papel importante? Describa su papel.
5. Todos los ciudadanos de los Estados Unidos y el Canadá tienen el deber de servir como jurado. ¿Por qué es un derecho importante?
6. Nombre y describa dos tipos de testigos.

Charlemos un poco

A. **Definiciones.** Escuche mientras su profesor/a lee descripciones de diferentes delitos. En cada caso indentifique el delito.

1. _____
2. _____
3. _____
4. _____
5. _____

B. Más definiciones. Explique las responsabilidades de las personas
   siguientes.

1. el abogado acusador
2. el abogado defensor
3. el juez
4. el testigo
5. el jurado
6. el alguacil

C. ¿Qué pasa? Describa el dibujo. ¿Dónde tiene lugar? ¿A quiénes
   se puede ver? ¿Qué hacen?

Entrevista

Alicia y un abogado hablan sobre el proceso de poner una
demanda.

Primera etapa: Escriba por lo menos cinco preguntas para obtener
información sobre los detalles del delito, la restitución que quiere, etc.

Segunda etapa: Use las preguntas para entrevistar a un/a
compañero/a de clase. Anote sus respuestas.

Tercera etapa: Escriba un párrafo que resume toda la información
que obtuvo durante la entrevista. Puede usar las siguientes
expresiones.

tomarse la justicia por su mano	*to take justice into one's own hands*
una manzana de discordia	*a bone of contention*
coger al toro por los cuernos	*to take the bull by the horns*

Cuarta etapa: Preséntele esta información a la clase.

Situaciones

En grupos de dos o tres compañeros de clase, representen una de las situaciones siguientes. Usen el vocabulario de este capítulo.

1. Dos personas hablan de cómo escoger a un abogado.
2. Un/a empleado/a, quien sospecha que un delito ha ocurrido, habla con su gerente sobre la evidencia.
3. Dos empleados/as hablan sobre ser miembro de un jurado.

Repaso de gramática

Additional Practice on the Past Subjunctive

To review the past subjunctive, please refer to the grammar explanations in **Capítulo 10, Pasos 1–3.**

Ejercicios

A. **Cuestiones judiciales.** Use las frases siguientes, el vocabulario de este capítulo y el imperfecto del subjuntivo para formar por lo menos cinco frases completas.

el abogado	lamentar	
los miembros del jurado	sentir	
el juez y yo	exigir	que...
yo	recomendar	
tú	sugerir	

B. **Descripciones.** Escriba un párrafo de por lo menos cinco frases. Use el subjuntivo para describir lo que el abogado quiso que su cliente hiciera cuando testificó. Incluya las palabras siguientes.

insistir   sugerir   preferir   aconsejar   oponerse a

C. **Más descripciones.** Use las palabras a continuación para describir un caso famoso que Ud. conoce bien.

era importante	era triste	insistió en que
era necesario	no había nadie	

Escribamos

Escriba una lista de diez preguntas que los abogados les hacen a los ciudadanos para seleccionarlos para un jurado en un caso de fraude.

Paso 2

Empecemos

Tipos de delitos

Alicia quiere saber la diferencia entre delitos criminales y delitos civiles, así que leyó lo siguiente en un libro de derecho.

Como ya se ha indicado, hay dos clases de delitos en los Estados Unidos y el Canadá: civil y penal. Hay cuatro diferencias principales entre la ley civil y la ley penal. Primero, el gobierno local, estatal o federal siempre lleva la acusación en un juicio penal mientras en un juicio civil un individuo poner una demanda. Segundo, en un juicio penal el acusado puede, pero no tiene que, testificar; es su decisión. Además, tiene el derecho según la Constitución de no incriminarse. En un juicio civil, el acusado puede ser obligado a testificar aunque no quiera hacerlo. La tercera diferencia tiene que ver con el peso de la prueba. En un juicio penal, el fiscal tiene que probar la culpabilidad del acusado más allá de toda duda fundada, pero en un juicio civil el abogado acusador tiene que demostrar una preponderancia de evidencia. Finalmente, en un juicio penal después de una absolución, el acusado no puede ser juzgado de nuevo por el mismo delito.

Además de distinguir entre delitos penales y civiles, hay diferentes niveles de delitos: delitos menores y delitos graves. Generalmente, se considera que los delitos menores son los que llevan una sentencia de menos de un año o una multa y los delitos graves son los que llevan una sentencia más larga. Un ejemplo de delitos menores son los robos menores. Ejemplos de delitos graves son la violación y el asesinato.

Para proceder legalmente, cada tipo de juicio tiene un proceso fijo. En un juicio penal, después de cometer el crimen y ser detenido, el acusado tiene la oportunidad de pagar la fianza a menos que haya un riesgo de que la persona vaya a huir. Después, el sospechoso tiene que comparecer ante el tribunal. Durante este proceso, el acusado oirá las acusaciones contra él y tendrá la oportunidad de declararse inocente o culpable. Asumiendo que se declara inocente, el proceso sigue con la decisión entre tener un juicio ante jurado o ante un juez solamente. Si se quiere tener un juicio ante jurado, comienza el proceso de elegir el jurado. Cuando el juicio empieza, los abogados hacen sus primeras declaraciones y entonces el abogado acusador presenta su evidencia. Los abogados defensores tienen la oportunidad de contrainterrogar a los testigos. Cuando los abogados acusadores terminan, los abogados defensores presentan su evidencia. Otra vez, los abogados acusadores tienen la oportunidad de contrainterrogar a los testigos de los abogados defensores. Cuando los abogados defensores terminan, los miembros del jurado tienen la responsabilidad de considerar de toda la evidencia y decidir si los abogados acusadores han probado la culpabilidad del acusado más allá de toda duda fundada. Cuando el jurado llega a un acuerdo sobre el veredicto, regresa y emite el veredicto. Si el acusado es culpable, el juez pronuncia sentencia (o si el delito es muy grave, puede tener una vista para dictar sentencia). El acusado puede apelar.

Un juicio civil empieza cuando el demandante pone una demanda. Entonces el juez lo despacha y el acusado recibe una citación. El acusado puede hacer una petición para desestimar los cargos o contestar la demanda. Entonces el demandante y el acusado participan en el proceso de descubrimiento (un proceso en el que tienen que presentar cualquier información pertinente). Normalmente, los participantes tratan de lograr una resolución extrajudicial. Si no pueden llegar a una resolución, llevan el caso ante los tribunales. Las dos partes presentan su evidencia y el juez o el jurado tienen que decidir si hay una preponderancia de evidencia a favor del demandante. Si la hay, el demandante típicamente recibe una suma de dinero sugerida por el jurado y determinada por el juez. El acusado puede apelar.

Preguntas

1. Nombre cuatro diferencias entre el derecho penal y el derecho civil.
2. Nombre y describa los diferentes niveles de delitos.
3. Describa el proceso para un juicio civil.
4. Describa el proceso para un juicio penal.
5. Identifique Ud. un juicio civil o penal cuyo veredicto Ud. haya considerado injusto. Describa las circunstancias.

Charlemos un poco

A. Definiciones. Escoja una de las palabras de la lista al final del capítulo y haga una definición de ella. Entonces, lea su definición a la clase. Los otros estudiantes tendrán que adivinar qué palabra define.

B. ¿Culpable o inocente? Complete el párrafo con la forma apropiada de una de las palabras siguientes.

cometer un delito	detener	juez	fianza
jurado	acusado	culpable	multa

Cuando un individuo (1.)_____, primero es (2.)_____ por un policía. Si el (3.)_____ determina que no huirá, puede pagar la (4.)_____ y estar libre hasta el juicio. Después del tribunal, si el (5.)_____ determina que el (6.)_____ es (7.)_____, tendrá que pagar una (8.)_____ o será sentenciado a unos años en la cárcel.

C. Descripciones. Describa la diferencia entre los términos siguientes.
1. el robo y el plagio
2. el acoso sexual y la discriminación sexual
3. la difamación y la representación falsa

Entrevista

♟♟ El abogado acusador contrainterroga al testigo ante un tribunal civil.

Primera etapa: Escriba por lo menos cinco preguntas que el abogado puede usar para obtener la información que necesita. Puede pedir cualquier información sobre los detalles del delito.

Segunda etapa: Use las preguntas para entrevistar a un/a compañero/a de clase. Anote sus respuestas.

Tercera etapa: Escriba un párrafo que resume toda la información que obtuvo durante la entrevista. Puede usar las frases siguientes.

una idea aproximada	*a general idea*
una suposición bien fundada	*a safe guess*
despertar sospechas	*to arouse suspicions*

Cuarta etapa: Preséntele esta información a la clase.

Situaciones

En grupos de dos o tres compañeros de clase, representen una de las situaciones siguientes. Usen el vocabulario de este capítulo.

1. El/La abogado/a y el/la cliente hablan de un caso de acoso sexual.
2. El/La abogado/a y el/la cliente hablan de un caso de fraude fiscal.
3. El/La abogado/a y el/la cliente hablan de un caso de discriminación racial.

Repaso de gramática

Additional Practice on the Past Subjunctive

To review the past subjunctive, please refer to the grammar explanations in **Capítulo 10, Pasos 1–3.**

Ejercicios

A. ¿Qué pasaría si... ? Use el imperfecto del subjuntivo y el vocabulario de este capítulo para terminar las oraciones siguientes.

1. El acusado recibiría una sentencia poco severa si...
2. El jurado podría emitir el veredicto si...
3. El hombre no violaría la ley si...
4. No tendríamos que recurrir a los tribunales si...
5. El abogado retiraría los cargos si...

B. Una hipótesis. Termine la frase siguiente con por lo menos cinco expresiones propias. Use el subjuntivo.

Ellos podrían llegar a una resolución extrajudicial si...

C. Otra hipótesis. Termine la frase siguiente con por lo menos cinco expresiones propias. Use el subjuntivo.

Las personas no iniciarían tantas demandas si...

Escribamos

Escriba un párrafo para defender o atacar la afirmación siguiente.

Hay demasiados pleitos civiles y causan problemas en el sistema judicial.

Paso 3

Empecemos

Los negocios y la ley

Antes de entrevistar a un candidato, Alicia lee la siguiente información en el manual para empleados.

Hay muchas situaciones en las que los funcionarios de un negocio tienen que entender y obedecer una serie de leyes complejas. Un ejemplo es el tratamiento de los empleados. Antes de contratar a un aspirante, hay algunas pautas que se deben seguir. Por ejemplo, en los Estados Unidos y el Canadá está prohibido hacer cualquier pregunta durante una entrevista que tenga que ver con la edad, la preferencia sexual, el estado civil, la nacionalidad, la raza, la religión o la salud del aspirante. Tampoco se permite la administración de una prueba de detector de mentiras o pruebas de la salud física o psicológica como una condición de trabajo. Pero después de contratar a un aspirante, es legal administrar estas pruebas con tal que la compañía tenga una necesidad razonable para hacerlas.

Después de ser contratados, los trabajadores tienen el derecho de ver cualquier expediente personal que la compañía tenga de ellos. También, en muchos estados tienen el derecho de tener privacidad razonable y de trabajar en un ambiente físico seguro. Está prohibido discriminar contra un empleado debido al sexo, la raza, la preferencia sexual, la religión, la salud, la nacionalidad, la edad o los resultados positivos de una prueba de SIDA. En muchos estados hay leyes que gobiernan lo que una compañía tiene que hacer antes de despedir a un empleado.

La ley federal dicta que cada empleado gane por lo menos una cantidad determinada de dinero (el salario mínimo). También la ley federal requiere que los empleados exentos (los que ganan una cantidad de dinero por hora) ganen dinero extra cuando trabajan horas extras. Los trabajadores profesionales (los que reciben un sueldo fijo) no tienen este derecho. En muchos estados, la compañía tiene el derecho de deducir dinero del sueldo de un empleado para pagar uniformes, equipo mecánico o herramientas requeridos, comida y alojamiento y el costo de reponer el equipo que se ha roto.

La compañía no está obligada a ofrecer beneficios a sus empleados. Sin embargo, la ley federal de los Estados Unidos y el Canadá requiere que la compañía trate de ofrecer facilidades razonables a los empleados enfermos. Según la ley federal, ciertas empresas (las que emplean a más de 50 personas) tienen que ofrecer doce semanas de permiso no pagadas por maternidad, paternidad o enfermedad grave del empleado o un miembro de su familia.

Preguntas

1. ¿Qué no se permite hacer durante una entrevista? ¿Por qué?
2. Describa los derechos de empleados en los Estados Unidos y el Canadá.
3. Describa las leyes que gobiernan el pago de empleados en los Estados Unidos y el Canadá.
4. ¿Por qué no se puede preguntar sobre la salud del aspirante durante la entrevista de trabajo?
5. ¿Conoce Ud. personalmente a una persona cuya entrevista o tratamiento en el trabajo haya violado las reglas mencionadas? Explique.
6. ¿Cree Ud. que los empleados en todo el mundo tienen estos derechos? ¿Qué diferencias hay?

Charlemos un poco

A. Definiciones. Escoja una de las palabras a continuación y defínala. Entonces, lea su definición a la clase. Los otros estudiantes tendrán que determinar qué palabra define.

el sueldo fijo	la prueba	el salario mínimo	el derecho
el expediente	la demanda	el permiso no pagado	la jurisdicción

B. Descripciones. Describa las diferencias entre los delitos siguientes.

1. el desfalco y el robo
2. la extorsión y el soborno
3. el blanqueo de dinero y la falsificación de billetes

C. Solicitamos su opinión. Hable con un/a compañero/a de clase de los temas siguientes.

1. En su opinión, ¿hay todavía un problema con el acoso sexual y la discriminación en el lugar de trabajo?
2. En su trabajo, ¿siempre obedece la compañía todas las leyes sobre la compensación y la seguridad de los empleados?
3. ¿Ha tenido Ud. una entrevista en la cual le hicieron preguntas ilegales?

Entrevista

Un/a gerente con muchos años de experiencia y el/la gerente nuevo/a hablan sobre lo que se puede y no se puede decir y hacer según la ley.

Primera etapa: Escriba por lo menos cinco preguntas que el/la gerente nuevo/a puede usar para obtener más información sobre las entrevistas, la discriminación, la compensación, etc.

Segunda etapa: Use las preguntas para entrevistar a un/a compañero/a de clase. Anote sus respuestas.

Tercera etapa: Escriba un párrafo que resume toda la información que obtuvo durante la entrevista. Puede usar las frases siguientes.

exponerse a las críticas	*to expose oneself to criticism*
de igual manera, asimismo	*likewise*
en rigor	*currently in effect*
pero de cualquier modo que fuera	*but however that may be*

Cuarta etapa: Preséntele esta información a la clase.

Situaciones

En grupos de dos o tres compañeros de clase, representen una de las situaciones siguientes. Usen el vocabulario de este capítulo.
1. El/La abogado/a y un/a cliente hablan de un caso de extorsión.
2. El/La abogado/a y un/a cliente hablan de un caso de negligencia.
3. El/La abogado/a y un/a cliente hablan de un caso de crimen organizado.

Repaso de gramática

Additional Practice on the Past Subjunctive

To review the past subjunctive, please refer to the grammar explanations in **Capítulo 10, Pasos 1–3.**

Ejercicios

A. Cuestiones legales. Traduzca las frases siguientes. Use el imperfecto del subjuntivo.

1. Could you please summarize the case against my client?
2. I would like to hear the evidence against me.
3. The police treated me as if I had already been convicted.
4. Who knew such horrible crimes occur?
5. He behaved as if he were already cleared of the charges.

B. Posibilidades. Termine la frase siguiente con por lo menos cinco expresiones propias. Use el subjuntivo.

El código penal cambiaría si....

C. Recomendaciones. Ayer en una reunión el abogado de la compañía hablaba con los gerentes sobre lo que quería que hicieran para evitar robos. ¿Qué dijo? Dé por lo menos cinco sugerencias usando el subjuntivo.

Escribamos

En su opinión, ¿cuál es el peor tipo de delito sin violencia? Escriba un párrafo breve explicando su punto de vista.

Una vez más

Antes de leer

1. Déle al artículo un vistazo rápido para encontrar la información siguiente.
   a. ¿Quiénes son Pedro Pou y Gabriel Cavallo?
   b. ¿Qué es el BCRA?
2. Busque las palabras siguientes en el artículo y lea la sección del artículo pertinente a cada una. Entonces, sin usar el diccionario, escriba una definición de las palabras.
   a. falla
   b. convocar
   c. maniobras
3. ¿Puede identificar los cognados siguientes? Escriba una definición de estas palabras.
   a. presunta
   b. entidad
   c. absorbido

A leer

Lea el artículo con cuidado y conteste las preguntas siguientes.

Investigan al presidente del Banco Central argentino

Los diputados socialistas, todos de la opositora Alianza, iniciaron denuncias radicales ante la justicia federal contra el Banco Central de la República Argentina (BCRA). Según la denuncia original, las acciones de las autoridades del BCRA ocasionaron pérdidas por 327 millones de pesos a los ahorristas, mientras que otros 328 millones de pesos concedidos como redescuentos por iliquidez transitoria, nunca fueron recuperados. Debido a estas denuncias, el presidente del BCRA, Pedro Pou, será indagado este viernes por el juez federal Gabriel Cavallo. Será investigado por presuntas irregularidades en el control de las entidades financieras y supuestas fallas en la aplicación de regulaciones a bancos en riesgo de quiebra. El juez Cavallo convocó a Pou y a otros integrantes del directorio del BCRA para que declaren, en calidad de acusados, acerca de la liquidación de los bancos Mayo, Patricios, Mayorista del Plata, Medefín y UNB. Todos estos bancos han sido absorbidos actualmente por otros. En el marco de la investigación, el magistrado indagará también al extitular del Banco Patricios por presuntas maniobras en las cuentas internas de la institución.

Preguntas

1. ¿Qué delito describe el artículo?
2. Describa los detalles del delito en este caso.
3. ¿Quiénes son los acusados?
4. ¿Cómo se descubrieron los delitos?
5. ¿Cómo afectó el delito a los clientes del banco?

Discusión

👤👤 Hable con un/a compañero/a de clase sobre el tema siguiente:
¿Tiene Ud. mucha confianza en la honradez de los funcionarios? ¿Cree Ud. que la mayoría de los funcionarios poderosos respetan la ley? ¿Por qué?

La carta de negocios

Lea la carta siguiente y úsela como modelo para escribir una carta que resume una demanda que su compañía va a poner. Use el vocabulario de este capítulo y el vocabulario asociado con las cartas comerciales que ya aprendió.

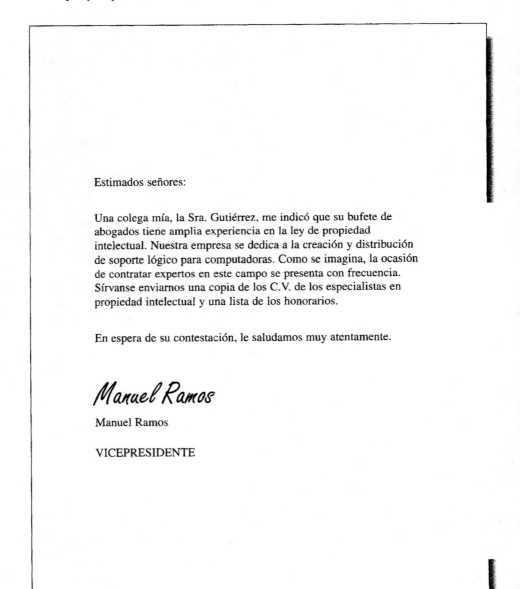

Estimados señores:

Una colega mía, la Sra. Gutiérrez, me indicó que su bufete de abogados tiene amplia experiencia en la ley de propiedad intelectual. Nuestra empresa se dedica a la creación y distribución de soporte lógico para computadoras. Como se imagina, la ocasión de contratar expertos en este campo se presenta con frecuencia. Sírvanse enviarnos una copia de los C.V. de los especialistas en propiedad intelectual y una lista de los honorarios.

En espera de su contestación, le saludamos muy atentamente.

Manuel Ramos

Manuel Ramos

VICEPRESIDENTE

Panorama cultural

Una hacienda de bananas en Guatemala. ¿Qué sabe Ud. de la historia de la producción de bananas en América Central o del nombre "Banana Republic"?

Lea la lectura y haga las actividades siguientes.

Guatemala y Nicaragua

Los inversores extranjeros creen que la economía actual de Guatemala no es muy estable porque depende demasiado de productos agrícolas como el café, el azúcar y las bananas. Además, en 1996, Guatemala terminó una guerra civil que duró 36 años. Por otro lado, el gobierno nuevo está comprometido a reformas económicas y políticas para empezar a explotar los recursos naturales como el petróleo y el níquel. También quiere estimular la inversión extranjera.

Nicaragua también sufrió de una guerra civil durante los años 80 pero empezó a recuperarse durante los años 90. Exporta café, mariscos y pescados, carne, azúcar y bananas a los Estados Unidos, América Central, Alemania y el Canadá. Tiene una tasa de desempleo del 16% y, peor aún, una tasa de empleo insuficiente del 36%. El éxito de las reformas durante los años 90 ha variado. Con la ayuda económica internacional, Nicaragua ha reducido considerablemente su deuda externa. También el gobierno sigue tratando de resolver conflictos causados por la confiscación de propiedad por los sandinistas. De esta forma, el gobierno espera atraer la inversión extranjera.

Actividades

Use el Internet para buscar información sobre los temas siguientes.

1. ¿Puede Ud. encontrar información específica en el Internet sobre las guerras civiles en Guatemala y Nicaragua y cómo afectaron a las economías de estos países?
2. ¿Puede Ud. encontrar información en el Internet sobre las diferencias entre el sistema legal en los Estados Unidos y el Canadá y los sistemas legales de países hispanohablantes?

Para encontrar esta información, use un buscador en español y palabras clave como "guerra civil y Guatemala y economía" o "ley y Nicaragua".

Vocabulario

Las personas asociadas con la ley

el/la abogado/a	*lawyer*	el/la acusado/a	*defendant*
el bufete de abogados	*law firm*	el/la demandante	*plaintiff*
el/la abogado/a acusador/a	*prosecutor*	el/la juez/a	*judge*
		el jurado	*jury*
el/la abogado/a defensor/a (público/a)	*defense lawyer (public defender)*	el jurado de acusación	*grand jury*
		el/la testigo	*witness*
el/la abogado/a penalista	*criminal lawyer*	el/la perito, el/la experto/a	*expert witness*
el/la abogado/a civil	*civil lawyer*		
el/la fiscal	*district attorney*	el/la alguacil/esa	*bailiff*

Términos legales generales

la ley	law
el tribunal	court
la jurisprudencia	jurisprudence
la demanda, el pleito	lawsuit
el delito	crime
el delito menor	misdemeanor
el delito mayor	felony
el derecho civil	civil right/law
el derecho criminal	criminal law
la fianza	bail
el código penal	penal code
la jurisdicción	jurisdiction
el testimonio	testimony
el juicio	judgement; trial
culpable	guilty
inocente	innocent
el castigo	punishment
el veredicto	verdict
la sentencia	sentence
la restitución	restitution
la culpabilidad	guilt
el juzgado	court, tribunal
el conjunto	set; group
el expediente	file
el/la funcionario/a	official
la pauta	principle; norm
el permiso no pagado	unpaid leave
la prueba de detector de mentiras	lie detector test
el salario mínimo, el sueldo mínimo	minimum salary
el SIDA	AIDS
el sueldo fijo	base salary

Los delitos

el acoso sexual	sexual harassment
la discriminación racial/sexual	race/gender discrimination
la negligencia criminal	criminal negligence
el desfalco, la malversación de fondos	embezzlement
la evasión fiscal, la evasión de impuestos	tax evasion
la difamación, la calumnia	defamation
la representación falsa	misrepresentation
la extorsión	extortion
el asesinato	murder
la violación	rape
el fraude	fraud
el robo	robbery
el plagio	plagarism
el soborno	bribery
el crimen organizado	organized crime
la falsificación de documentos/de billetes	counterfeiting

Verbos asociados con la ley

recurrir a los tribunales	to resort to the courts
nombrar a un abogado	to name a lawyer
poner una demanda, demandar	to file a lawsuit
retirar los cargos/ la acusación	to drop the charges
llegar a/lograr una (re)solución extrajudicial, llegar a un arreglo	to arrive at a settlement
llevar un caso ante los tribunales	to bring a case to court
juzgar	to judge
adjudicar	to award
sentenciar (a dos años)	to sentence (to two years)
pronunciar sentencia	to pronounce sentence
ser responsable de	to be liable for
violar, contravenir, infringir	to violate
cometer un delito	to commit a crime

imponer la ley	*to impose a law*	pagar la fianza	*to post bail*
respetar la ley	*to respect the law*	multar	*to fine*
estar prohibido por la ley	*to be prohibited by law*	testificar	*to testify*
estar permitido por la ley	*to be permitted by law*	ganar	*to win*
		perder	*to lose*
estar exigido por la ley	*to be required by law*	detener	*to arrest*
operar/actuar dentro/ fuera de la ley	*to operate within/ outside the law*	encarcelar	*to jail*
		huir estando en libertad bajo fianzas	*to jump bail*
castigar	*to punish*		
desfalcar, malversar	*to embezzle*	poner en libertad	*to set free*
difamar, calumniar	*to defame*	blanquear dinero, lavar dinero	*to launder money*

CAPÍTULO 12

Consideraciones éticas

Anticipemos

¿Cómo le afectan a Ud. las leyes para proteger la propiedad intelectual?

¿Qué influencia tiene la tecnología sobre la capacidad de proteger la propiedad intelectual?

¿Son las leyes de los Estados Unidos y el Canadá suficientes para proteger el medio ambiente?

Si pudiera, ¿qué cambiaría Ud. para proteger mejor el medio ambiente?

Antes de empezar el capítulo, repase el vocabulario al final del capítulo.

Paso 1

Empecemos

Consideraciones éticas

Para aclarar la política ética de la compañía, Alicia les envió lo siguiente a todos los empleados por correo electrónico.

Como en la vida en general, en el mundo de los negocios es siempre importante comportarse de una manera absolutamente honesta. Hay muchas prácticas que, aunque ocurran, son consideradas imperdonables. La mentira, por cualquier razón, no se tolera en los negocios. Se oye de personas que mienten o exageran en su currículum vitae o cuando describen su participación en un negocio. Otras organizaciones tienen la deshonra de ser conocidas como inescrupulosas porque han tratado de avanzar o promoverse por amenazas y engaños. Puede que estafen al público con calumnias contra sus competidores o que amenacen a alguien, pero muy pronto se reconocerán las mentiras, exageraciones y amenazas de estas personas y perderán su reputación profesional para siempre.

Además de ser ilegales, como hemos visto antes, algunas prácticas son también poco éticas. Por ejemplo, la propiedad intelectual está protegida por numerosos tratados internacionales. Las patentes protegen productos, procesos, métodos, máquinas, composiciones de productos y cualquier mejora de tales productos. Una marca registrada es cualquier cosa que identifica los productos o servicios de una empresa. Una marca registrada puede ser un lema o un logo, pero no puede ser algo genérico. Por ejemplo, no se puede registrar la palabra "Habana" si produce cigarros o la palabra "mesa" aunque sea el único fabricante de mesas en su país. Los derechos de reproducción protegen el derecho de copiar, reproducir, distribuir, representar o exponer obras escritas. Los tratados más importantes por los que se hace respetar estas leyes son el AGAC (el Acuerdo General sobre Aranceles y Comercio), el TLC (el Tratado de Libre Comercio de América del Norte) y el Protocolo de Madrid.

Preguntas

1. ¿Conoce Ud. personalmente a una persona que haya hecho algo deshonesto en el trabajo? ¿Qué le pasó?
2. ¿Cree Ud. que los estudiantes violan las leyes para proteger propiedad intelectual? ¿Cuáles son otras situaciones en que las leyes sobre propiedad intelectual pueden ser violadas?
3. ¿Puede Ud. recordar un caso de violación de patentes o marcas registradas?
4. Nombre y describa cuatro prácticas que pueden hacer daño a la reputación de un individuo o compañía.
5. ¿Cómo se protege la propiedad intelectual?
6. ¿Qué tratados sirven para regularizar la protección de la propiedad intelectual?
7. ¿Por qué no es bueno para una compañía avanzar por medio de amenazas y engaños?

Charlemos un poco

A. **Preguntas y respuestas.** Escuche mientras su profesor/a lee un párrafo y entonces conteste las preguntas.

1. ¿Qué delito cometió el ex empleado de la compañía?
2. ¿Qué hizo específicamente? Describa dos actividades.
3. ¿Por qué lo hizo?
4. ¿Cómo reaccionó la compañía?

B. **Definiciones.** Dé una definición de las palabras siguientes.

1. engañar   4. la marca registrada
2. amenazar   5. los derechos de reproducción
3. la patente

C. Solicitamos su opinión. Conteste las preguntas siguientes con un/a compañero/a de clase.

1. ¿Puede describir unas marcas registradas bien conocidas de este país?
2. ¿Puede describir un caso que apareció en las noticias recientemente de violación de patente, marca registrada o derechos de reproducción?
3. ¿Por qué necesitamos proteger la propiedad intelectual? ¿Son todas las leyes justas? ¿Tienen los inventores y creadores protección suficiente?
4. ¿Cómo van a afectar al Internet las leyes de propiedad intelectual? ¿Será posible proteger la información que está en el Internet?
5. Describa otros problemas que causan los avances tecnológicos, por ejemplo, la piratería de soporte lógico y de discos compactos.

Entrevista

Alicia habla con un abogado sobre la protección de la propiedad intelectual de la compañía.

Primera etapa: Escriba por lo menos cinco preguntas para obtener información sobre los problemas de la compañía en cuanto a la propiedad intelectual.

Segunda etapa: Use las preguntas para entrevistar a un/a compañero/a de clase. Anote sus respuestas.

Tercera etapa: Escriba un párrafo que resume toda la información que obtuvo durante la entrevista. Puede usar las siguientes expresiones.

por lo pronto	*for the time being*
en lo sucesivo	*henceforth*
a sabiendas	*knowingly*
en seguida	*at once*

Cuarta etapa: Preséntele esta información a la clase.

Situaciones

En grupos de dos o tres compañeros de clase, representen una de las situaciones siguientes. Usen el vocabulario de este capítulo.

1. Dos empleados/as hablan de un empleado bien conocido que se comportó de una manera poco ética.
2. Dos gerentes hablan de cómo varios tratados vara influir en los negocios.
3. Un/a gerente y un/a empleado/a acusado/a de participar en una actividad poco ética hablan de sus acciones y castigo.

Repaso de gramática

Uses of se and Reciprocal Actions

A. **Se** is a reflexive pronoun. When the person doing an action and the recipient of the action are the same, the action is reflexive.

> *He bathes (himself).*   **Se** baña.

As opposed to:

> *He bathes the dog.*   Baña al perro.

B. **Se** is used to replace the indirect object pronoun **le** when the direct object pronouns **lo/la/los/las** are also used in the sentence.

> Leo el libro a Juan.   *I read the book to Juan.*
> **Le** leo el libro.   *I read the book to him.*
> **Se lo** leo.   *I read it to him.*

C. **Se** is used to form the passive voice when no agent is specified.

> Se escribe informes cada dia.   *Reports are written every day.*

As opposed to:

> Los informes son escritos por Juan.   *The reports are written by Juan.*

D. **Se** is used to indicate the unspecified subject "one," "you," or "they."

> **Se dice** que es verdad.   *They say it is true.*
> ¿Cómo **se prepara** este informe?   *How do you prepare this report?*

E. **Se, nos** and **os** are used to express reciprocal action.

> **Se miran** (el uno al otro).   *They look at one another.*
> **Nos hablamos.**   *We speak to one another.*

F. Some verbs, regardless of meaning, always use the reflexive.

abstenerse	*to abstain*	condolerse (ue)	*to sympathize*
arrepentirse (ie)	*to repent*	jactarse	*to boast*
atreverse	*to dare*	propasarse	*to overstep the*
ausentarse	*to absent oneself*		*bounds*
quejarse	*to complain*		

Ejercicios

A. ¿A quién? Cambie las frases siguientes usando los pronombres en vez de las palabras en cursiva.

> *Ejemplo:* La compañía nos ofreció *un ascenso a nosotros.*
>
> Nos lo ofreció.

1. Rindo *el informe al grupo.*
2. Compro *el producto para la compañía.*
3. Tráigalo *a ella.*
4. Voy a decir *la verdad a Juan.*
5. No lo pida *a ella.*
6. El abogado envió *los contratos a la directora* ayer.

B. ¿Qué pasó? Use los verbos siguientes y el vocabulario de este capítulo para escribir un párrafo sobre lo que pasó un día en la compañía.

jactarse   quejarse   propasarse   atreverse   arrepentirse

C. Más cambios. Cambie las frases siguientes a la voz pasiva impersonal.

> *Ejemplo:* El gerente no permite que los empleados lleguen tarde.
>
> No se permiten continuas llegadas tarde.

1. La compañía no tolera la calumnia.
2. El soborno no es aceptable.
3. Los otros empleados siempre descubren los delitos.
4. Los gerentes imponen castigos a los empleados que violan la política de la compañía.
5. Él tiene vergüenza del delito.
6. La empresa registra los lagos de sus productos.

Escribamos

Escriba un memorándum para explicar la política de la compañía en cuanto a prácticas éticas.

Paso 2

Empecemos

La diversidad cultural y étnica

A continuación está una copia de un discurso que Alicia dio sobre la sensibilidad cultural.

Hoy en día, con la formación de la comunidad global, la sensibilidad cultural es muy importante. La globalización del mercado requiere que nuestra empresa tenga relaciones profesionales con una multitud de personas de otros países con costumbres diferentes. La sensibilidad cultural implica no sólo que hay que respetar a las personas de razas, culturas, religiones y tradiciones diferentes sino también que debemos tratar de ampliar nuestros propios horizontes para promover buenas relaciones. Solamente podremos respetarnos mutuamente y romper las barreras culturales cuando comprendamos y valoremos nuestras diferencias ideológicas.

Será imposible tolerar a las personas de diferentes culturas hasta que aprendamos a respetar a las personas de nuestro país que sean "diferentes". En los Estados Unidos, tenemos una historia llena de discriminación contra las personas de diferentes razas, los ancianos, las mujeres y los incapacitados. Aunque fundamos nuestro país para obtener la libertad de religión, todavía se puede encontrar evidencia de discriminación contra ciertas religiones. En Sudamérica la discriminación contra los indígenas ha sido históricamente un problema. En España hay discriminación entre las regiones y se ve que las personas que hablan ciertos dialectos no pueden encontrar trabajo o tener éxito comercial cuando salen de su región nativa.

Si no tratamos de resolver estos problemas podemos ofender fácilmente, aunque involuntariamente, a nuestros clientes extranjeros.

Preguntas

1. ¿Qué cambios hemos visto en los negocios debido a la formación de la comunidad global?
2. ¿Qué tenemos que hacer para adaptarnos a este nuevo mundo de negocios?
3. Describa las diferencias entre la discriminación que vemos en los Estados Unidos y el Canadá y la discriminacion que se ve en Latinoamérica o España.

4. Proponga dos o tres sugerencias para convivir o trabajar con personas o grupos considerados "diferentes".
5. ¿Ha sido Ud. víctima de discriminación? Describa las circunstancias.
6. Describa los beneficios de desarrollar un programa de respeto mutuo en un negocio.

Charlemos un poco

A. Descripciones. Decida si el comportamiento que describe su profesor/a es respetuoso (R) o irrespetuoso (I) y por qué. ¡Cuidado! En muchos casos será posible decir que el comportamiento es respetuoso bajo ciertas condiciones, pero irrespetuoso bajo otras condiciones. Explíquelas.

1. R I _____

2. R I _____

3. R I _____

4. R I _____

5. R I _____

B. Definiciones. Describa en qué consisten los siguientes conceptos.
1. el entendimiento
2. la tolerancia
3. las diferencias
4. el respeto

C. Solicitamos su opinión. Hable de los temas siguientes con un/a compañero/a de clase.
1. ¿Ha experimentado Ud. discriminación o conoce a alguien que haya sufrido discriminación? Describa la situación.
2. ¿Son las leyes que tenemos en los Estados Unidos y el Canadá suficientes para prevenir la discriminación? ¿Por qué? ¿Qué cambios recomendaría Ud.?
3. ¿Qué tenemos que hacer antes de que podamos promover buenas relaciones con clientes extranjeros?
4. ¿Por qué debemos tratar de hacer todas las cosas mencionadas en la pregunta anterior?

Entrevista

👥 Su compañía ha contratado a un experto para ayudar a la compañía en el mercado global.

Primera etapa: Escriba por lo menos cinco preguntas para obtener información sobre lo que la compañía debe hacer antes de entrar en el mercado global.

Segunda etapa: Use las preguntas para entrevistar a un/a compañero/a de clase. Anote sus respuestas.

Tercera etapa: Escriba un párrafo que resume toda la información que obtuvo durante la entrevista. Puede usar las siguientes expresiones idiomáticas útiles.

mirar de reojo	*to look askance*
decir de dientes afuera	*to speak tongue in cheek*
juzgar a la ligera	*to judge quickly/lightly*
creer a pies juntillas	*to believe unquestioningly*

Cuarta etapa: Preséntele esta información a la clase.

Situaciones

👥👥 En grupos de dos o tres compañeros de clase, representen una de las situaciones siguientes. Usen el vocabulario de este capítulo.

1. Los gerentes hablan de lo que pueden hacer para mejorar las prácticas de empleo.
2. Dos empleados/as hablan sobre la importancia de tener en cuenta las diferencias legales antes de abrir una sucursal en un país extranjero.
3. Dos empleados/as hablan sobre cómo responder a problemas que han surgido debido a diferencias culturales.

Repaso de gramática

Gustar *and Other Similar Verbs*

Gustar means "to be pleasing." To use **gustar**, and verbs like it, follow these guidelines.

A. Gustar requires the use of the indirect object pronouns.

me	*to me*	nos	*to us*
te	*to you* (informal)	os	*to you* (plural/informal)
le	*to him/her/you* (formal)	les	*to them/you* (plural/formal)

B. Gustar will normally be conjugated in the third person singular and plural only. Third person singular is used when the thing that is pleasing is singular. Third person plural is used when more than one object is pleasing.

> **Me gusta** el resultado.   *The result is pleasing to me.*
> **Me gustán** los resultados.   *The results are pleasing to me.*

Note: **Gustar** and verbs that follow the same pattern are never plural with infinitives.

> ¿**Te interesa** investigar y escribir?

C. The following verbs have the same construction as **gustar**.

encantar	*to delight*	Me encanta el libro.
faltar	*to lack*	Me faltan cinco dólares.
doler	*to hurt*	Me duele la cabeza.
agradar	*to like*	Me agradan las cartas.
alcanzar	*to have enough; to afford*	Me alcanza el dinero para comprar el ordenador.
caer bien/mal	*to create a good/ bad impression*	No me cae bien.
costar	*to be hard*	Me cuesta mucho escribir este informe.
disgustar	*to dislike*	Me disgusta cuando la gente fuma.
extrañar, sorprender	*to surprise*	Me extraña que María no esté.
fascinar	*to charm; to interest*	Me fascina la cultura de China.
fastidiar, molestar	*to bother*	Me fastidia la actitud de ella.
importar	*to be important*	Me importa tener éxito.
interesar	*to interest*	Me interesan las tradiciones de Japón.
parecer	*to seem*	Me parece difícil.
preocupar	*to worry*	Me preocupa que no haya venido.
tocar	*to be one's turn*	Me toca a mí hacerlo.

Note: When you use **le** or **les,** you may want to specifiy the person(s) referred to. To do this, put the name(s) at the beginning of the sentence preceded by the preposition **a.**

(A ellos) Les gusta dar presentaciones.
They like to do presentations.

A Juan y a Carolina les gusta dar presentaciones.
Juan and Carolina like to do presentations.

Ejercicios

A. ¿Qué les gusta? Use los fragmentos a continuación y sus propias expresiones para formar frases completas.

A mí	me	gusta/n...
A ti	te	importa/n...
A él/ella	le	encanta/n...
A nosotros	nos	interesa/n...
A ellos	les	falta/n...
		¿ ?

B. Actitudes diferentes. Use los verbos siguientes y el vocabulario de este capítulo para escribir un párrafo que describe las actitudes de varios empleados de la compañía.

agradar	doler	caer bien/mal
costar	disgustar	extrañar

Escribamos

En su opinión, ¿cuáles son los factores decisivos para adquirir y mantener confianza en la comunidad global? Descríbalos.

Paso 3

Empecemos

El medio ambiente

Alicia lee de las causas y consecuencias de la falta de respeto hacia el medio ambiente.

Hay muchas razones que hacen difícil el respeto al medio ambiente. Por ejemplo, las compañías siempre necesitan más espacio para construir oficinas, fábricas y tiendas. También, siempre necesitan materias primas como madera para la construcción o para el papel. Por eso, tenemos problemas con la deforestación. Es más barato que las fábricas emitan aire o agua contaminada que si tuvieran que purificarlos. Por eso, tenemos la contaminación del agua y del aire, y esta contaminación resulta en el efecto invernadero y la lluvia ácida. Además, muchas fábricas producen desperdicios tóxicos y es muy caro deshacerse de ellos legalmente en vez de enterrarlos en un lugar ilegal.

Pero no se tiene que cometer delitos ecológicos para contribuir a la destrucción del medio ambiente. Esto se puede hacer inocentemente también. Por ejemplo, si las oficinas no reciclan, desperdician papel y otros recursos como vidrio y plásticos. Si todos los empleados van al trabajo cada día en su propio coche, contribuyen a la contaminación del aire y a la escasez del petróleo.

Es nuestra responsabilidad, como una compañía con valores éticos, hacer todo lo posible para proteger el medio ambiente. Por eso, obedecemos las leyes que regulan la emisión de contaminantes y tratamos de inventar nuevos métodos de producción que reducen las emisiones peligrosas. También tenemos un programa de reciclaje en cada una de nuestras oficinas y solamente compramos productos hechos de materias recicladas.

Preguntas

1. Nombre y describa por lo menos tres problemas diferentes con el medio ambiente.
2. ¿Por qué es tan fácil hacer daño al medio ambiente?
3. ¿Qué hacemos inocentemente que contribuye a la destrucción del medio ambiente?
4. ¿Qué podemos hacer para protegerlo?
5. ¿Qué hace Ud. para proteger el medio ambiente?
6. ¿Cree Ud. que las empresas deben gastar más dinero para proteger el medio ambiente? ¿Deben estar responsables si hay un accidente?
7. ¿Recuerda Ud. una compañía que ha tenido problemas con la protección del medio ambiente?

Charlemos un poco

A. Dibujos. Identifique el problema en cada uno de los dibujos siguientes.

B. Definiciones. Dé una definición de los problemas siguientes.

1. la lluvia ácida
2. el efecto invernadero
3. los desperdicios tóxicos
4. la deforestación
5. la explosión demográfica
6. los productos no biodegradables
7. el reciclaje

C. Descripciones. Describa algunos métodos para resolver los problemas siguientes.

1. la lluvia ácida
2. la extinción de especies
3. la producción de desperdicios
4. el efecto invernadero
5. la deforestación

Entrevista

👤👤 Alicia habla con un especialista para diseñar un plan para proteger el medio ambiente.

Primera etapa: Escriba por lo menos cinco preguntas para obtener información sobre el programa nuevo que la compañía desea crear para proteger al medio ambiente.

Segunda etapa: Use las preguntas para entrevistar a un/a compañero/a de clase. Anote sus respuestas.

Tercera etapa: Escriba un párrafo que resume toda la información que obtuvo durante la entrevista. Puede usar las expresiones útiles de los capítulos anteriores.

Cuarta etapa: Preséntele esta información a la clase.

Situaciones

👤👤👤 En grupos de dos o tres compañeros de clase, representen una de las situaciones siguientes. Usen el vocabulario de este capítulo.

1. Dos empleados/as planean los detalles del nuevo programa de reciclaje.
2. Dos empleados/as planean los detalles del nuevo programa para eliminar la contaminación del aire y del agua en la fábrica de la compañía.
3. Dos empleados/as hablan de un desastre ecológico que acaba de ocurrir.

Repaso de gramática

Uses of the Gerund

A. The gerund is the *-ing* form of the verb such as *running* or *eating*. The gerund is formed in Spanish by dropping the **-ar** and adding **-ando** or by dropping the **-er/-ir** and adding **-iendo**.

hablar	habl**ando**
comer	com**iendo**
vivir	viv**iendo**

In English, the gerund is both verbal and adjectival. In other words, it can be used to express an action (he was eating) or to describe something (the box containing my papers). In Spanish, the gerund can only be used as a verb. The following are the most common uses of the gerund in Spanish.

1. With the verb **estar** to express a progressive action.

> **Él está escribiendo.** *He is writing.*

2. With verbs like **andar, ir, venir,** and **seguir** to suggest continuous action.

> **Él siguió trabajando.** *He continued working.*
> **Él irá aprendiendo.** *He will go on learning.*

3. With verbs of perception and representation like **oír, ver, sentir, observar, representar,** and **hallar** when it refers to the direct object of the sentence.

> **Los oí cantando.** *I heard them singing.*

4. To render the idea of "by doing something."

> **Trabajando mucho es posible tener éxito.**
> *By working a lot, it's possible to be successful.*

B. Unlike English, Spanish does not use the gerund as an adjective. Instead, Spanish may use an infinitive, a relative clause, or an adjectival form of the verb.

1. Spanish uses the infinitive rather than the gerund as a verbal noun. The use of the definite article **el** is optional.

> **(El) trabajar** y **(el) ganar** van de la mano.
> *Working and earning money go hand in hand.*

2. Spanish uses relative clauses rather than the gerund as an adjective.

> la caja **que contiene** los papeles
> *the box containing the papers*

3. Spanish uses the infinitive after prepositions.

> **Antes de decidir,** debemos examinar los posibles efectos negativos.
> *Before deciding, we should examine the possible negative effects.*

4. In some cases, Spanish uses a special adjectival form of the verb.

agua corriente	*running water*
sol poniente	*setting sun*
ser viviente	*living being*
platillo volante	*flying saucer*

Ejercicios

A. Descripciones. Nombre siete actividades que Ud. y sus colegas están haciendo para proteger el medio ambiente. Use el presente progresivo.

1. Yo...
2. Ud...
3. Nosotros...
4. Mis colegas...
5. Mi familia...
6. Mi compañía...
7. Mis amigos...

B. ¿Qué está pasando? Escriba frases usando las palabras siguientes, el vocabulario de este capítulo y el gerundio.

1. ir
2. seguir
3. empezar
4. ver
5. hallar

C. Para proteger el medio ambiente. Traduzca las frases siguientes al español.

1. The manager writing the report is a friend of mine.
2. By not wasting resources, the company can save a lot of money.
3. He began by recycling glass, and now he is an authority on the preservation of the environment.
4. I heard him saying there would be new fines for not obeying environmental laws.
5. Wasting gas is costly.

Escribamos

En su opinión, ¿cuál es el problema más peligroso que tendremos que enfrentar en el futuro con respecto al medio ambiente?

Una vez más

Antes de leer

1. Lea el título del artículo. ¿Ya sabe algo de las leyes que gobiernan las emisiones de gases? ¿Qué gases causan problemas? ¿Qué tipo de problemas? ¿Qué producen estos gases?
2. Déle un vistazo rápido al artículo y haga una lista de los cognados que puede reconocer.

A leer

Lea el artículo con cuidado y conteste las preguntas siguientes.

La contaminación en la Unión Europea

El Consejo de la Unión Europea ha adoptado una decisión por la que establece un seguimiento de las emisiones de gases de efecto invernadero no controlados por el Protocolo de Montreal. También evaluará los avances realizados para cumplir los compromisos relativos a dichas emisiones. La decisión del Consejo establece que los estados miembros deberán aplicar programas nacionales de limitación de sus emisiones y de mejora de la eliminación de todos los gases de efecto invernadero no controlados por el Protocolo de Montreal. Los estados miembros deberán incluir en sus programas nacionales estimaciones de los efectos de las políticas sobre la emisión y eliminación de bióxido de carbono. Estos programas también deberán aportar datos relativos a los seis gases de efecto invernadero enumerados en el anexo A del Protocolo de Kioto, así como información sobre otros gases como el monóxido de carbono, óxidos de nitrógeno, etc.

Preguntas

1. ¿Qué nueva decisión adoptó la UE?
2. Según el artículo, ¿qué tienen que hacer los estados miembros? Nombre tres actividades.
3. ¿Qué son los Protocolos de Montreal y de Kioto?

Discusión

👤👤 Hable con un/a compañero/a de clase sobre el tema siguiente: En su opinión, ¿es el efecto invernadero un problema grave? ¿Hacemos lo suficiente para protegernos de esta amenaza? ¿Qué más podemos hacer?

La carta de negocios

Lea la carta y úsela como modelo para escribir una carta que explica el programa de reciclaje nuevo de la compañía. Use el vocabulario de este capítulo y el vocabulario asociado con las cartas comerciales que ya aprendió.

Estimados señores:

Nos permitimos informarles que después de la última inspección de fecha 23/9 hemos notado varias contravenciones del programa establecido para reducir emisiones. Adjunta a la presente se encontrará una lista de las violaciones y una explicación de lo que se requiere para cumplir con el programa. Su fábrica tendrá un período de seis meses para corregir dichos problemas o tendremos que imponer una multa de 25.000 euro mensuales.

Sírvanse acusar recibo y avisarnos la fecha en que se terminen las correcciones necesarias.

Miguel Castillo

Miguel Castillo

Panorama cultural

Una vista de La Habana, una ciudad con arquitectura colonial de mucha importancia artística. ¿Le gustaría visitar esta ciudad? ¿Por qué?

Lea la lectura y haga las actividades siguientes.

Cuba y la República Dominicana

Cuba tiene una economía centralizada, pero el gobierno está tratando de mejorar los incentivos laborales y resolver problemas causados por la escasez de alimentos, bienes de consumo y servicios. La economía cubana se basa en la exportación de azúcar, níquel, tabaco, mariscos, productos médicos y café a Rusia, los Países Bajos y el Canadá.

La República Dominicana es uno de los países hispanohablantes más pobres. Tiene una tasa de desempleo del 13,8% y una tasa de inflación del 7,9%. Solamente el 82% de su población sabe leer y escribir. Su economía depende del turismo y la exportación de azúcar a los Estados Unidos. Importa petróleo, comestibles, tela y productos médicos. En 1994 el gobierno inició reformas para estabilizar la tasa de cambio, reducir la inflación y la deuda, y estimular el crecimiento económico. Para crecer, el gobierno primero tiene que mejorar la capacidad del país de generar electricidad. La falta de energía resulta en apagones constantes que paran la producción industrial. Las reformas todavía no han producido resultados muy positivos.

Actividades

Use el Internet para buscar información sobre los temas siguientes.

1. ¿Puede Ud. encontrar información en el Internet sobre las reformas económicas en Cuba o la República Dominicana?
2. ¿Puede Ud. encontrar información en el Internet sobre las convenciones y protocolos mundiales que protegen el medio ambiente?
3. Haga una lista de organizaciones nacionales y mundiales que se dedican a la protección del medio ambiente.

Para encontrar esta información, use un buscador en español y palabras clave como "reformas económicas y Cuba" o "ley y medio ambiente".

Vocabulario

Las consideraciones éticas

el/la engañador/a, el/la estafador/a	*trickster*	la amenaza	*threat*
el soborno	*bribery*	la ley de propiedad intelectual	*intellectual property law*
la mentira	*lie*	la patente	*patent*
la calumnia	*defamation, slander*	los derechos (de reproducción)	*copyright*
la calumnia escrita	*libel*		
la representación falsa	*misrepresentation*	la marca registrada	*trademark*
la extorsión	*extortion*	las normas de seguridad de productos	*security norms for products*
el fraude	*fraud*		

Verbos asociados con la ética

engañar, estafar, hacer trampas	to trick
amenazar	to threaten
piratear	to pirate
sobornar	to bribe
mentir	to lie
calumniar (por escrito)	to slander (to libel)

La sensibilidad cultural

la raza	race
la etnicidad	ethnicity
la clase social	social class
la clase económica	economic class
el estrato social	social strata
la estructura social	social structure
el regionalismo	regionalism
el idioma	language
el dialecto	dialect
la cultura	culture
la religión	religion
la política	politics
el origen	origin
la edad	age
los incapacitados, los discapacitados	handicapped persons
la discriminación	discrimination
la tolerancia	tolerance
la comprensión el entendimiento	understanding
la comunidad global	global communitty
el respeto mutuo	mutual respect
las costumbres	customs
las tradiciones	traditions
las creencias	beliefs
la ideología	ideology
la filosofía	philosophy
los valores	values
las normas	norms
el estándar de vida	standard of living

Verbos asociados con la sensibilidad cultural

ampliar los horizontes	to expand one´s horizon
romper las barreras culturales	to break down cultural barriers
enfrentar obstáculos	to confront obstacles
promover buenas relaciones	to promote good relations
respetar	to respect
tolerar	to tolerate
comprender	to understand

El medio ambiente

la atmósfera	atmosphere
el efecto invernadero	greenhouse effect
el calentamiento global	global warming
la basura	trash
biodegradable	biodegradable
el bosque	forest
la central nuclear	nuclear power plant
el tránsito	traffic
el combustible	fuel
la contaminación	pollution
la deforestación	deforestation
los desperdicios (tóxicos)	(toxic) waste
el deterioro	deterioration
la escasez	scarcity
la especie	species
la explosión demográfica	population explosion
el medio ambiente	environment
el reciclaje	recycling
la supervivencia	survival
la extinción	extinction
la lluvia ácida	acid rain
la selva tropical	rain forest
el plástico	plastic
el vidrio	glass
la lata	can
la capa de ozono	ozone layer

el humo	smoke	desperdiciar	to waste
el oxígeno	oxygen	disminuir	to diminish
la minería	mining	proteger	to protect
los madereros	lumber dealer	reciclar	to recycle
los/las leñarder/a	woodcutters	sobrevivir	to survive

Verbos asociados con el medio ambiente

		purificar	to purify
		limpiar	to clean
respirar	to breathe	conservar	to conserve; to save
contaminar	to pollute	preservar	to preserve

Indice temático y gramático

I.V.A. (impuesto al valor agregado)   212

jugar, present indicative of   12

ley
    abogados, tipos de   227, 242
    delitos, tipos de   231-232, 243
    proceso judicial   227-228
    vocabulario realcionado   242-244
    y los negocios   235

macroeconomía   145, 151-153
    vocabulario relacionado   167
medio ambiente   255, 260
    vocabulario relacionado   264-265
medios de difusión   173-174
    vocabulario relacionado   186
membrete, en la carta comercial   15
mercadeo   ver publicidad y mercadeo
Mercosur   122-123, 141-142, 165, 166
    metas de   123
    Tratado de   123
México   78-79, 98, 99, 166, 212, 224
microeconomía   145, 157-158
    vocabulario relacionado   167
Mulroney, Brian, and NAFTA   99

NAFTA (North American Free
    Trade Agreement)   see TLC
negation   44, 49-50
negative expressions   50
Nicaragua   242

object pronouns   see direct object
    pronouns; indirect object pronouns
oferta de empleo   71
oír
    present indicative of   21
    preterite of   63

Panamá   223
Paraguay   122, 141, 142
past participle   149
P.B.N. (producto bruto nacional)   153
Perú   123, 162, 166, 204
pluperfect   160
poder
    conditional of   195
    future tense of   176
    present indicative of   12
    preterite of   62
poner
    conditional of   195
    future tense of   176
    past participle of   149
    present indicative of   20-21
    preterite of   62
preguntas personales   2, 9, 31
present indicative
    in si clauses   172
    of irregular verbs   6-7, 20-22
    of regular verbs   5-6
    of stem-changing verbs   12-13
    to express immediate future action   171

present participle   see gerund
present perfect   149-150
    versus preterite   150
present subjunctive   see subjunctive, present
presentaciones   1-2, 3
préstamo, cómo solicitar   196-197
preterite
    of irregular verbs   62-63
    of regular verbs   62
    of stem-changing verbs   63
    of verbs ending in -ucir   62
    spelling changes in forms of   63
    to determine stem of past
        subjunctive forms   210
    uses of   64-65
    versus the imperfect   64-65
    versus the present perfect   150
profesiones y carreras   11, 79-80
progressive tenses   258
Protocolo de Madrid   246
publicidad y mercadeo
    análisis del producto   173-174
    medios de difusión   173-174
    papel del consumidor   168-169, 173, 177-178
    vocabulario relacionado   186-187
    y las razas   181

que, conjunction used with the
    present subjunctive   108, 117
queja, presentar una   46, 134-135
querer
    conditional of   195
    future tense of   176
    present indicative of   12
    preterite of   62
Quito (Ecuador)   203

raza
    y consideraciones éticas en los
        negocios   250
    y la publicidad   181
reciprocal construction   248
reflexive construction   248
reír, present indicative of   13
República Dominicana   263
reservas
    aerolínea   33-34
    hotel   34
reunión de negocios   24-25

saber
    conditional of   195
    future tense of   176
    present indicative
        forms   21
        uses   21, 22-23
    present subjunctive of   107
    preterite of   62
Salinas, Carlos, y el TLC   98, 99
salir
    conditional of   195
    future tense of   176
    present indicative of   20-21